Superar el desorden digital

Lionel Bolnet

Autor y auto-editor:
Lionel Bolnet

Distribuidor:
www.lulu.com

Advertencias varias:
Todos los derechos de reproducción de esta obra están reservados al autor. Sin su aprobación por escrito, este libro no puede ser reproducido, ni siquiera parcialmente, en cualquier forma (fotocopia, escaneo, etc....) ni copiado o distribuido, incluso si se utiliza para fines de enseñanza. Este libro no constituye documentación oficial del software que trata. El autor hace todo lo posible por proporcionar información exacta, pero el lector sigue siendo el único responsable de las manipulaciones que haga en los sistemas informáticos después de consultar este manual. El autor y Lulu.com no se hacen responsables de los daños causados en los sistemas informáticos o en los teléfonos inteligentes. Todas las marcas comerciales no están relacionadas con el autor.

Todos los casos prácticos mencionados se realizan en Android, iOS o Windows. Los conceptos son transponibles a Mac, pero con diferentes enfoques no detallados en este libro.

Índice

Definición

El desorden digital es la situación caótica en la que se encuentran nuestros ordenadores personales o profesionales desde mediados de los 90: un confuso árbol de archivos mal colocados y mal nombrados. Incluso el dueño de un PC o un smartphone no siempre sabe qué archivos tiene. Encontrar algo específico rápidamente es una misión imposible. A medida que se acumulan más y más archivos y dispositivos, el desorden digital empeora cada día.

Sin embargo, hay maneras de hacer las cosas más claras.

Pero ordenar por el bien de ordenar no importa. Lo que este libro le ofrece es embarcarse en **un viaje sentimental** al corazón de sus archivos, para considerarlos no como montones binarios sino como **su biografía digital**. No piense en el hecho de que los archivos son herramientas administrativas y véalos ahora como testimonios conmovedores de la **vida** agitada que usted, sus hijos, sus seres queridos han vivido. Infunde felicidad en tu vida diaria gracias a la música que te gusta, no te niegues el placer de ver tu película favorita, revive la emoción de una boda. Si supieras cómo usar tus archivos, no dirías "no recuerdo", no dirías "vi eso un día, pero ¿dónde?"

No importa la edad que tengas, seguro que has acumulado una gran colección de recuerdos digitales esperando a ser sublimados para explotar ante tus ojos.

Figura 1: Sacando a relucir los recuerdos

> *"Sus archivos son las páginas de su biografía digital".*

Más allá de los recuerdos, verá en este libro cómo un patrimonio de archivos bien organizado le permite ganar en autonomía, rapidez, productividad, confianza e incluso ahorro de dinero.

Historia

El encuentro entre el público en general y los archivos se remonta a alrededor de la década de 1980, cuando el ordenador personal entró en los hogares occidentales.

El 25 de octubre de 1983, la compañía de informática Microsoft lanzó un software de procesamiento de textos llamado Word. El mundo entonces descubre un concepto de computadora: el archivo. Es muy difícil dar una fecha de invención del archivo informático porque es un concepto y no una cosa tangible. Es fácil determinar la fecha de invención de la tarjeta perforada (1728), del disco duro (1956) o del disquete (1967), pero es difícil decir cuándo se inventó el concepto de archivo.

Sin embargo, a partir de los años 80, los primeros usuarios de programas de oficina (Word y luego Excel) comenzaron a tener que almacenar objetos inmateriales: archivos. Los sistemas operativos, principalmente Mac y Windows, acompañaron a los usuarios hacia esta nueva característica ilustrando los archivos con "iconos" y organizándolos en "árboles".

Al principio, la tarea no parecía insuperable. La gente tenía un puñado de archivos ".doc" o ".xls" que atiborraban en una sola carpeta llamada "Mis Documentos". El ordenador familiar era simplemente un sucesor de la máquina de escribir. Se usó para escribir una carta, un currículum y casi nada más.

Pero, posteriormente, se han generalizado otros usos de las computadoras. Alrededor del año 2000, los archivos MP3 hicieron su aparición: son archivos que contienen música. Luego descubrimos que las películas (a menudo pirateadas) podían ser almacenadas en computadoras como archivos ".avi", ".mp4" o ".mpg". Entonces, la fotografía tradicional dio paso a las imágenes digitales con ".jpg".

También nos hemos familiarizado con ".pdf", ".gif" y ".ppt" que son respectivamente documentos formateados, imágenes animadas y presentaciones de diapositivas.

Más recientemente, incluso el dinero se almacena en forma de archivos gracias a Bitcoins que se mantienen calientes en ".dat".

Los objetos que se pueden imprimir con una impresora 3D son archivos ".3mf".

Esta tendencia de la conversación en el mundo real en los archivos digitales se llama desmaterialización. Todo pasa o pasará por ello: música, vídeos, documentos, nóminas, diplomas, dinero, billetes, sellos, vales, billetes de avión, de tren, reservas de hotel, dejan su medio tradicional para convertirse en archivos.

¿Qué vamos a hacer con esta avalancha de archivos cuyo número y valor aumenta día a día?

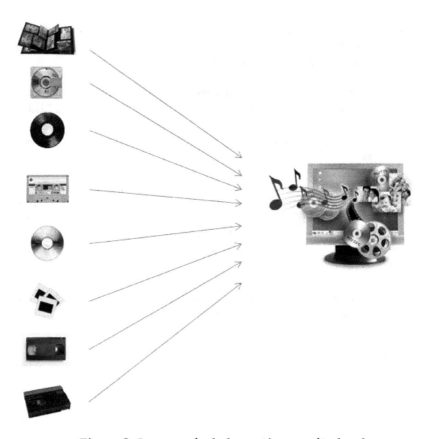

Figura 2: La mayoría de los antiguos métodos de almacenamiento se están volviendo obsoletos y se están transformando en archivos informáticos.

Lo que este libro le ofrece es un recorrido por las técnicas actuales de almacenamiento de archivos, pero también de contraseñas.

Figura 3: Secuencia de acciones

Eliminar

Tanto en la vida real como en la digital, un componente importante del negocio de la limpieza es la eliminación.

Computadoras bajo Windows

La primera regla para deshacerse del desorden digital es eliminar los archivos innecesarios. Como usuarios de PC, nuestro principal mal hábito es mantener todo.

Empecemos con la carpeta "Descargas" por ejemplo. En la mayoría de los ordenadores, la carpeta "Descargas" es la que sirve de repositorio para los archivos que se descargan cuando se navega por la web.

Teóricamente, este archivo debería estar todavía vacío. Debe considerarse como un espacio de tránsito: un lugar donde los archivos permanecen temporalmente antes de llegar a un lugar permanente o al cubo de basura.

Por ejemplo, compras una entrada para un concierto en línea. Al final de la compra, se le envía un correo electrónico con un archivo adjunto, un archivo PDF. Lo descargas para poder imprimirlo. Desde la misma noche, asiste al concierto. Entonces, ¿por qué este archivo permanecerá en su carpeta de "Descargas" durante tres años?

Figura 4: Los archivos descargados deben ir a una carpeta permanente o ser eliminados

Hay otras carpetas que deben dejarse vacías: "Mis archivos recibidos", por ejemplo, es una carpeta en la que algunos programas tenderán a dejar caer los archivos recibidos a través de la mensajería instantánea.

Finalmente, la carpeta más famosa que siempre debe estar vacía es "Escritorio". En realidad, la gran mayoría de los usuarios de Windows ponen sus archivos en el escritorio. Esto no es lo que espera Microsoft, pero es un "Camino del deseo". Un camino del deseo usualmente representa el camino más corto o de más fácil acceso entre un origen y un destino determinados. Para la mayoría de la gente, el Escritorio es la ubicación elegida para dejar caer los archivos porque:

- Esta es la primera carpeta que ves cuando enciendes un ordenador con Windows,
- No hay riesgo de que sea borrado,
- No hay necesidad de navegar para encontrarlo.

El problema es que la Oficina es un factor que aumenta el desorden numérico porque nunca está ordenada.

Figura 5: Ejemplo de un escritorio de Windows sobrecargado

Lo mejor es colocar accesos directos en el escritorio a las carpetas reales que son Música, Vídeos, Imágenes y Documentos.

Borrar archivos lleva tiempo. Tienes que abrir cada archivo uno por uno y preguntarte sobre su futura utilidad. En esta etapa, es más una cuestión de psicología humana que de ofimática: la gente siempre tiene miedo de borrar archivos por pánico. Se dicen a sí mismos: "¿Y si un día necesito la factura del billete de avión de 2006? "o "¿y si un día empiezo a querer escuchar de nuevo la música de las Ketchup?".

Es difícil admitir que la música que no te gusta puede ser eliminada porque la música, incluso cuando no te gusta, es una forma de arte y te sorprende inconscientemente tirar una obra de arte. Incluso el archivo "Musica_de_McGyver.mp3".

En cuanto a las fotos, es el mismo problema: como todos tenemos una cámara en el bolsillo en todo momento, acumulamos una montaña de fotografías, la mayoría de las cuales son perfectamente inútiles. Cada día, esta montaña crece varios megabytes, pero pocas personas se enfrentan a ella. Hay incluso fotos duplicadas y borrosas, pero clasificarlas requeriría pasar un número considerable de horas frente a la computadora.

El caso de los duplicados es fácil de resolver gracias a herramientas como DupeGuru, un software gratuito de detección/eliminación de duplicados.

📖🖥 🐦■ *el capítulo de Herramientas, hay disponible un tutorial DupeGuru.*

La modernización de los usos es también un factor en la eliminación de archivos. Durante unos quince años, los archivos MP3 fueron los reyes de la música. Amontonamos miles de ellos en nuestros ordenadores. Ahora esta práctica se está perdiendo en plataformas de escucha legal como Deezer o Spotify. Así que, si eres un cliente de este tipo de servicio, lógicamente, deberías tomar tu carpeta de "MP3" y tirarlo todo a la basura, ¿no?

La misma pregunta surge para "DivX", esos archivos de vídeo de 500 megabytes a 1 gigabyte que los jóvenes intercambiaban mucho a principios de siglo. Las represalias legales han puesto un gran freno a la expansión de DivX. El vídeo a la carta (VOD) y el vídeo a la carta por suscripción (S-VOD) como Netflix, OCS o Amazon Prime Video ofrecen a sus usuarios la posibilidad de ver (casi) cualquier película o serie sin necesidad de descargarla. Por lo tanto, los clientes de estos servicios pueden descartar sus archivos de video DivX.

Por último, al borrar muchos archivos, no te olvides de vaciar la Papelera. Debes evitar pensar que los archivos de la Papelera ya no ocupan espacio en el disco duro. En la mayoría de las computadoras personales, la Papelera de Reciclaje es la carpeta más desordenada. La papelera de reciclaje no se vacía por sí misma después de 30 días.

Cuando se tiene una computadora portátil, se debe tratar de tener aún menos archivos que en una computadora fija porque estos dispositivos corren un mayor riesgo de robo, pérdida o rotura. Si guarda muchos de sus archivos en un ordenador portátil, le corresponde a usted asegurarse de que los datos confidenciales que contiene no puedan ser explotados por un tercero. Poner una contraseña en la sesión de Windows es esencial pero no suficiente, ya que sólo hay que desatornillar el ordenador, extraer su disco duro o SSD y luego conectarlo al puerto USB de otro ordenador para leer su contenido.

Figura 6: Persona destornillando un portátil. Cada vez que sales de tu casa con un portátil, te arriesgas a que te lo roben y a que alguien haga esta manipulación para leer su contenido.

Por lo tanto, debe pensar cuidadosamente y arbitrar entre la necesidad de confidencialidad y la necesidad de disponibilidad. Cuantos más archivos pongas en tu portátil, más probable es que caigan en las manos equivocadas si lo pierdes.

En los siguientes capítulos, veremos dónde almacenar sus archivos en lugar de en un portátil.

Teléfonos inteligentes

En el caso del smartphone, es aconsejable tener mucho cuidado: este objeto es portátil y por lo tanto corre un alto riesgo de robo o pérdida. Típicamente es un dispositivo "consumible": lo compras, lo dañas, lo dejas caer, lo pierdes, lo vuelves a comprar en un ciclo que dura de 12 a 18 meses. Cuando se roba un smartphone, los archivos que contiene también son robados. Por ello, es aconsejable limitar el contenido de este tipo de dispositivo siguiendo la siguiente tabla de riesgos:

Tipo de archivo	Nivel de confidencialidad requerido
MP3	Ninguno
APLICACIONES	Ninguno
FOTOS	Alto
VIDEOS	Alto
DOCUMENTOS	Muy alto

Los MP3 y las aplicaciones son archivos que se pueden acumular a voluntad en un smartphone porque no son confidenciales. Por otro lado, las fotos y los vídeos de un smartphone suelen ser información íntima. Por último, los documentos personales o profesionales como los PDF de las facturas, los escaneos de los documentos de identidad, las nóminas, los datos bancarios o las notificaciones de impuestos son demasiado confidenciales para ser almacenados en un teléfono inteligente. Con este tipo de documentos, un ladrón podría usurpar su identidad y sacar, por ejemplo, un crédito de consumo con pagos mensuales tomados de su cuenta bancaria real.

Para evitarlo, adquiera el hábito de borrar el contenido de su smartphone. No pienses en tu smartphone como un archivo de tu vida.

En este capítulo se ha hablado mucho de los archivos, pero el desorden digital también es causado por los programas, el software y las aplicaciones. Especialmente en los teléfonos inteligentes, las aplicaciones que nunca se usan deben ser borradas regularmente. Las aplicaciones innecesarias en un smartphone causan cuatro grandes inconvenientes:

- Desacelerando el dispositivo,
- Ocupación del espacio de almacenamiento,
- El consumo de la batería,
- Riesgo de divulgación de datos personales.

Ya sea en Android o iPhone, haga el ejercicio regular de desinstalar aplicaciones que nunca usa.

Renombrar

General

Un método clave para obtener una imagen más clara de sus archivos es darles nombres propios. No hay nada peor que una carpeta llena de archivos con nombres anárquicos, como:

- "Sin título1 (1).jpg",
- "Doc versión final 2.jpg",
- "cumpleaños.jpg",
- "download.exe".

Depende de ti y sólo de ti cambiar el nombre de tus archivos. Las buenas prácticas a este respecto son:

- Evite los nombres con menos de 8 letras.
- Evite los nombres de más de 40 letras.
- Evita usar demasiadas mayúsculas.
- Evita los nombres genéricos como "archivo escaneado.jpg" o "carta.doc".

Carpetas
En cuanto a las carpetas, hay nombres que prohibir: "PC vieja", "Disco duro viejo", "Memoria USB del tío", "Archivos viejos", "Viejo". Mucha gente usa este tipo de nombres, pero es demasiado vago.

Documentos
Elija los nombres en tres partes separadas por guiones: "contexto - precisión - fecha" o "contexto - fecha - precisión".

Por ejemplo, el archivo que contiene su discurso en una boda puede llamarse "La boda de Elsa y Luke - Discurso - Junio 2012.doc". Sus nóminas pueden guardarse con nombres similares a "Nómina - 2018.12 - Zara.pdf".

Fechas
Cuando se trata de fechas, es esencial nombrar el año, el mes y el día en orden y no al revés, aunque suene diferente en el lenguaje hablado. Clasificar el archivo sólo será mejor, como muestran estas dos capturas de pantalla.

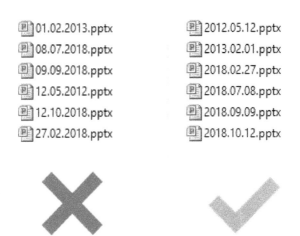

Figura 7: Los ordenadores clasifican muy mal el formato día.mes.año

Música

Si se rellenan las etiquetas de sus archivos MP3, ahora debe evitar guardar archivos con nombres abstrusos como "MichaelJacks.untled.mp3", "Ilove.MP3" o "Untitled.mp3".

Si las etiquetas (atributos) de sus archivos de música no están actualizadas o si no sabe cuáles son, lea primero el capítulo Organizar.

Entonces simplemente usa el software MP3tag para renombrar automáticamente todos los archivos en uno de los siguientes modos de nombrar:

- Artista - Álbum - Título.mp3
- Artista - Título.mp3
- Artista - Año - Título.mp3

Tendrás una elegante y ordenada lista de archivos MP3.

Es más delicado para la música clásica. En general, el nombre del artista de una pieza clásica es ignorado o despreciado: es el compositor el que es importante. Entonces es posible optar por el siguiente nombre:

- Compositor - Título.mp3

📖 🖥 🖱■ *el capítulo de Herramientas, un tutorial de MP3Tag está disponible.*

Fotos

El almacenamiento de fotografías es un trabajo que puede ser muy largo y meticuloso porque son los archivos que más se acumulan a lo largo de la vida. Según la página web de Business AM, con la proliferación de teléfonos, tomar una foto se ha convertido en un acto tan común que se fotografía absolutamente todo. Como resultado, la raza humana tomó 1.200 mil millones de fotos en 2017, lo que es simplemente un récord histórico. No es de extrañar si se tiene en cuenta que se estima que unos 3.000 millones de personas poseen un teléfono inteligente en base al número de suscripciones de móviles. Y en promedio, la gente toma 5 fotos al día.

En el caso de las fotografías, se puede elegir uno de dos enfoques: o bien se fechan las carpetas y se tematizan los archivos o se hace lo contrario. Echa un vistazo a estos dos ejemplos.

Figura 8: Dos formas de nombrar tus fotos

Renombrar los archivos de las cámaras o de los iPhones es especialmente doloroso porque estas cámaras dan un nombre equivocado a las fotos. A menudo se trata de nombres genéricos incrementales como IMG_5212.JPEG, IMG_5213.JPEG, IMG_5214.JPEG o P1000779.JPG, P1000780.JPG, P1000781.JPG. Admite que es estúpido.

Con Android, especialmente con Samsung, la situación es más concreta: las fotos se nombran con el año/mes/día/hora/minuto/segundo en que fueron tomadas.

Por ejemplo: 20201026_132445.jpg

Al igual que con la música, hay atributos en los archivos de fotos. Puedes explotar estos atributos para detallar al máximo tus álbumes de viaje. Puedes editarlos en las propiedades del archivo.

Figure 9 : Propiedades de une foto

Nombre	Fecha	Tipo	Tamaño	Etiquetas
2019-10-27 - 001 - France - Orly - Aéroport.jpeg	27/10/2019 8:54	Archivo JPEG	990 KB	Maroc; Voyages
2019-10-27 - 002 - France - Orly - Aéroport.JPG	27/10/2019 9:29	Archivo JPG	2.283 KB	Maroc; Voyages
2019-10-27 - 003 - Maroc - En vol - Vue d'avion.jpg	27/10/2019 12:37	Archivo JPG	3.532 KB	Maroc; Voyages
2019-10-27 - 004 - Maroc - En vol - Vue d'avion.JPG	27/10/2019 12:44	Archivo JPG	2.306 KB	Maroc; Voyages
2019-10-27 - 005 - Maroc - En vol - Vue d'avion.JPG	27/10/2019 12:47	Archivo JPG	1.989 KB	Maroc; Voyages
2019-10-27 - 006 - Maroc - En vol - Vue d'avion.JPG	27/10/2019 12:53	Archivo JPG	2.419 KB	Maroc; Voyages
2019-10-27 - 007 - Maroc - Agadir - Aéroport.jpg	27/10/2019 13:47	Archivo JPG	4.14 KB	Agadir; Maroc; Voyages
2019-10-27 - 008 - Maroc - Agadir - Aéroport.jpg	27/10/2019 13:50	Archivo JPG	3.9 KB	Agadir; Maroc; Voyages
2019-10-27 - 009 - Maroc - Agadir - Aéroport.jpg	27/10/2019 13:50	Archivo JPG	52 KB	Agadir; Maroc; Voyages
2019-10-27 - 010 - Maroc - Agadir - Aéroport.jpg	27/10/2019 13:50	Archivo JPG	325 KB	Agadir; Maroc; Voyages
2019-10-27 - 011 - Maroc - Agadir - Aéroport.jpg	27/10/2019 13:51	Archivo JPG	4.239 KB	Agadir; Maroc; Voyages
2019-10-27 - 012 - France - Agadir - Sur la route.JPG	27/10/2019 14:06	Archivo JPG	2.582 KB	Agadir; Maroc; Voyages
2019-10-27 - 013 - France - Agadir - Sur la route.JPG	27/10/2019 14:09	Archivo JPG	2.747 KB	Agadir; Maroc; Voyages
2019-10-27 - 014 - Maroc - Agadir - Riu Tikida Palace.jpg	27/10/2019 14:43	Archivo JPG	4.212 KB	Agadir; Maroc; Voyages
2019-10-27 - 015 - Maroc - Agadir - Riu Tikida Palace.jpg	27/10/2019 14:53	Archivo JPG	3.716 KB	Agadir; Maroc; Voyages
2019-10-27 - 016 - Maroc - Agadir - Riu Tikida Palace.jpg	27/10/2019 14:55	Archivo JPG	3.202 KB	Agadir; Maroc; Voyages
2019-10-27 - 017 - Maroc - Agadir - Riu Tikida Palace.jpg	27/10/2019 15:14	Archivo JPG	6.221 KB	Agadir; Maroc; Voyages
2019-10-27 - 018 - Maroc - Agadir - Plage d'Agadir.jpg	27/10/2019 15:16	Archivo JPG	4.553 KB	Agadir; Maroc; Voyages
2019-10-27 - 019 - Maroc - Agadir - Plage d'Agadir.jpg	27/10/2019 15:16	Archivo JPG	3.881 KB	Agadir; Maroc; Voyages
2019-10-27 - 020 - Maroc - Agadir - Plage d'Agadir.jpg	27/10/2019 15:16	Archivo JPG	4.729 KB	Agadir; Maroc; Voyages
2019-10-27 - 021 - Maroc - Agadir - Plage d'Agadir.jpg	27/10/2019 15:16	Archivo JPG	3.963 KB	Agadir; Maroc; Voyages
2019-10-27 - 029 - Maroc - Agadir - Riu Tikida Palace.jpg	27/10/2019 15:35	Archivo JPG	4.694 KB	Agadir; Maroc; Voyages
2019-10-27 - 030 - Maroc - Agadir - Riu Tikida Palace.jpg	27/10/2019 15:35	Archivo JPG	1.099 KB	Agadir; Maroc; Voyages
2019-10-27 - 031 - Maroc - Agadir - Riu Tikida Palace.jpg	27/10/2019 15:36	Archivo JPG	506 KB	Agadir; Maroc; Voyages
2019-10-27 - 033 - Maroc - Agadir - Riu Tikida Palace.jpg	27/10/2019 15:53	Archivo JPG	16 KB	Agadir; Maroc; Voyages
2019-10-27 - 034 - Maroc - Agadir - Riu Tikida Palace.jpeg	27/10/2019 16:08	Archivo JPEG	1.5 KB	Agadir; Maroc; Voyages
2019-10-27 - 035 - Maroc - Agadir - Riu Tikida Palace.JPG	27/10/2019 18:28	Archivo JPG	1.89 KB	Agadir; Maroc; Voyages
2019-10-27 - 036 - Maroc - Agadir - Riu Tikida Palace.JPG	27/10/2019 18:29	Archivo JPG	1.948 KB	Agadir; Maroc; Voyages
2019-10-27 - 040 - Maroc - Agadir - Riu Tikida Palace.jpg	27/10/2019 18:37	Archivo JPG	1.014 KB	Agadir; Maroc; Voyages
2019-10-27 - 041 - Maroc - Agadir - Riu Tikida Palace.jpg	27/10/2019 18:28	Archivo JPG	4.640 KB	Agadir; Maroc; Voyages

Figure 10 : Estos atributos se encuentran en el Explorador de Windows.

La herramienta elegida para renombrar una gran cantidad de archivos es el Ant Renamer.

📖🖥 ✏■ *el capítulo de Herramientas, está disponible un tutorial de Ant Renamer.*

Videos

Películas

Es mejor evitar anidar demasiados archivos juntos. Anidar todas las películas en la carpeta de películas es más que suficiente siempre y cuando se nombren las películas correctamente con la siguiente regla:

- Nombre de la película (Año de estreno).mp4

Por ejemplo:

Figura 11: Almacenamiento de películas

Serie de televisión
Para las series, la costumbre es mezclar todos los episodios en una carpeta dedicada a la serie, cuidando de nombrarlos bien:

- Nombre de la serie - Temporada - Episodio.mp4
- Nombre de la serie - sSSeEE.mp3
- Nombre de la serie - **SSxEE**.mp4

SS = Número de la temporada. EE = Número de episodio en su temporada.

Por ejemplo:

Figura 12: Almacenamiento de una serie de televisión

Organizar

La tercera regla a seguir para una buena higiene informática es organizar los archivos. Si has borrado todo lo que es inútil, entonces tienes que organizar todo lo que queda en las carpetas.

Hay cuatro archivos importantes que hay que rellenar:

- La música,
- Videos,
- Imágenes,
- Documentos.

Carpeta de música

El almacenamiento de archivos de música reside en un protocolo llamado "ID3". Este protocolo informático permite rellenar todos los criterios habituales de una canción para poder clasificarlos a petición. De hecho, sería una tontería usar carpetas para guardar los MP3: ¿cómo lo harías? ¿Por género musical? ¿Por artista? ¿Por año? Un archivo de música contiene demasiados atributos para usar una sola estructura de árbol.

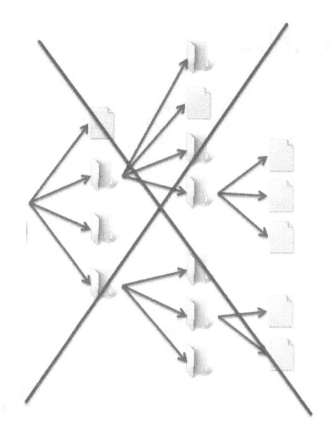

Figura 13: No almacene su música en subcarpetas

En Windows, los atributos de los archivos de música se pueden consultar yendo a propiedades.

Figura 14: Atributos de un archivo de música

La reducción del desorden musical consiste, por lo tanto, en

1. Pon todos los MP3 en la carpeta de Música,
2. Rellena todos los atributos de los MP3.

Enfócate en los atributos más importantes:

- Título,
- Álbum,
- Intérprete participante,
- Como,
- Año.

Entonces podrás navegar fácilmente gracias a un software como MediaMonkey. Este tipo de software tiene en cuenta los atributos de texto ubicados en los archivos MP3 para organizarlos agrupando los títulos que comparten propiedades comunes.

Figura 15: MediaMonkey ofrece un árbol musical virtual

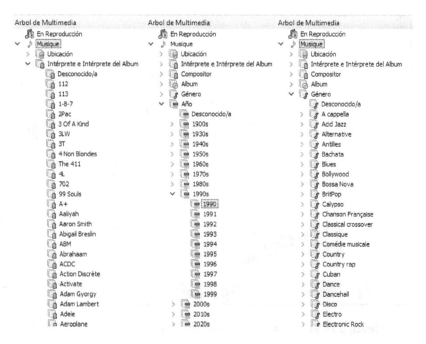

Figura 16: Ejemplos de navegación en MediaMonkey

📖🖥 ✎■ *el capítulo de Herramientas, hay disponible un tutorial de MediaMonkey.*

Una vez que hayas completado todos los atributos de tus MP3, puedes embarcarte en un taller extremadamente largo pero gratificante: añadir las portadas ilustradas a cada canción. Lleva mucho tiempo, pero puede dar excelentes resultados.

La herramienta elegida para añadir una portada es el MP3tag.

Figura 17: Ventanas que muestran las cubiertas de los títulos

📖🖥 🔊■   *el capítulo de Herramientas, hay disponible un tutorial de MP3TAG.*

Carpeta de imágenes

Para organizar las imágenes, la carpeta "Imágenes" debe dividirse en al menos dos subcarpetas: "Imágenes guardadas" y "Fotos".

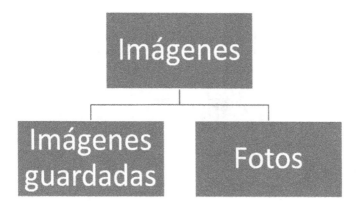

Figura 18: Dos subcarpetas de imágenes

La primera debe contener las imágenes que ha recibido o encontrado en Internet: chistes, fotos anecdóticas, mapas de la ciudad, carteles publicitarios, creaciones diversas, tarjetas de invitación, logotipos, fondos de pantalla, etc.

La segunda subcarpeta es la que se dedicará al almacenamiento de sus fotos. Una buena práctica consiste en subdividirla en carpetas de 10 años, que a su vez contienen carpetas anuales.

Para sincronizar con un smartphone, se debe proporcionar una tercera carpeta para recibir las fotos.

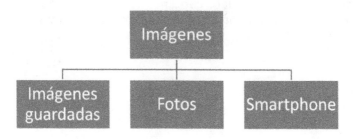

Figura 19: Tercera carpeta para el smartphone

Precaución: no dejes fotos sueltas en la carpeta del smartphone. Es una buena idea tomarse una hora tranquila para guardar las fotos que has tomado con tu smartphone: deberían ser distribuidas en las carpetas del año en curso.

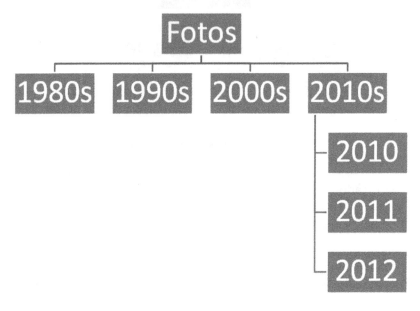

Figura 20: Subdivisión temporal de las fotos

Finalmente, cada año debe contener subcarpetas. Para ello, hay dos escuelas: las que organizan sus fotos por mes y las que las organizan por evento.

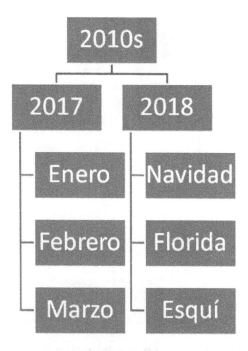

Figura 21: Subdivisión por tema o mes

Cada año, planifica un archivo misceláneo que contenga lo que realmente no puedes categorizar.

Carpeta de videos

Para organizar sus videos, primero debe separar dos subconjuntos: los videos comerciales (películas, series de televisión, documentales, anuncios, videos musicales, conciertos, espectáculos) y los videos caseros (niños, bodas, viajes, graduaciones).

Se pueden recomendar, por ejemplo, las siguientes estructuras de árboles.

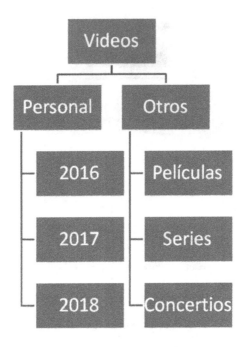

Figura 22: Ejemplo de una subdivisión de la carpeta Videos

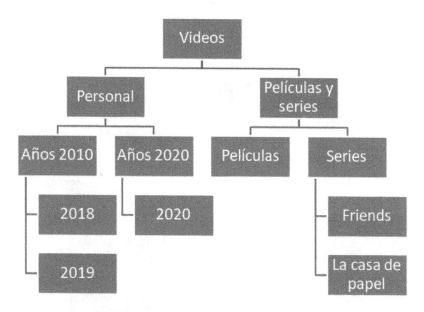

Figura 23: Ejemplo de almacenamiento de video

Videos personales
En el caso de los videos caseros, hay varios enfoques posibles. Depende de cuántos archivos tengas.

Existe el método Década/Año/Evento.

Aquí hay ejemplos de nombres de archivos de eventos personales: boda, bautismo, vacaciones, viajes, niños, nacimiento, graduación, funeral, carnaval, boom, competición de judo, estancia, paseo, bar mitzvah, EDVG (despedida de soltero), EVJF (despedida de soltera), coche nuevo, casa nueva, Navidad, barbacoa, fiesta de despedida, Ramadán, espectáculo de fin de año ...

Planea una carpeta "misceláneo", cada año, que contenga lo que realmente no puedes categorizar.

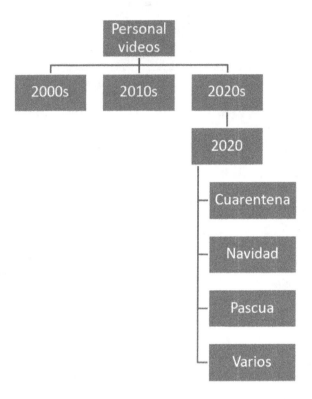

Figura 24: Ejemplo de una estructura de árbol

Si no tienes muchos videos caseros, puedes arreglártelas con Decade/Years.

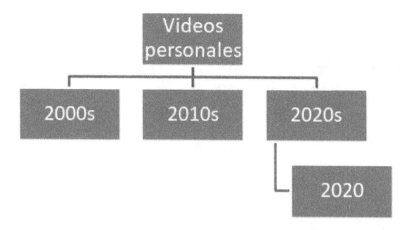

Figura 25: Otro ejemplo de una estructura de árbol de vídeo

Películas
A veces, podemos tener que hacer un archivo particular para agrupar todos los dibujos animados, por ejemplo. Es más fácil elegir de las películas cuando un niño lo solicita.

Figura 26: Subdivisión de las películas por categorías principales

Carpeta de documentos

Todo lo que no sea un video, imagen o música se llama documento. También se puede llamar ofimática: archivos Word, Excel, PDF, Powerpoint, Visio, etc...

Podemos proponer el siguiente desglose:

Figura 27: Ejemplo de almacenamiento de documentos

Este es tradicionalmente el caso más abigarrado. Cada uno tiene que encontrar una manera de organizarlo en diferentes temas. Por ejemplo: "impuestos", "salarios", "salud", "diplomas", "documentos de identidad", "discursos", "libros electrónicos", "cartas", "cuentas", "CV", "EDF", "facturas", "banco", etc.

La forma en que almacena los documentos de su oficina es muy individual. Lo más difícil es mantener este tipo de archivo ordenado de año en año.

Otras carpetas en Windows

Más allá de estos cuatro tipos de archivos, es posible tener algo más, como:

- Paradas del juego,
- Bitcoins,
- El código fuente,
- Ejecutables,
- Objetos en 3-D,
- Buzones,
- Cajas fuertes con contraseña,
- Etc.

Hay dos maneras de manejar estos archivos "exóticos". O bien los incluyes en "Documentos", o creas cada vez una carpeta raíz dedicada a ellos. Desde Windows 10, por ejemplo, existe una carpeta "Objetos 3D" en la raíz de las carpetas de usuario: se utiliza para almacenar archivos para imprimir objetos 3D.

Objets 3D

Figura 28: Carpeta de objetos 3D en Windows

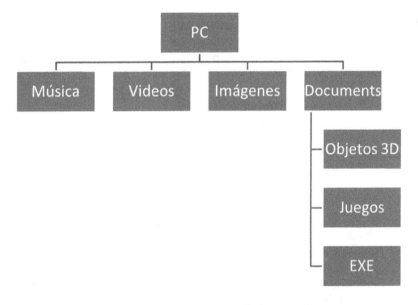

Figura 29: Se recomienda poner todo lo que no sea una imagen, video o música en Documentos

E-mails

Hay un gran bolso de mano que todo el mundo tiene: el buzón. Todos tenemos uno o más de ellos y contienen cientos o miles de mensajes y archivos adjuntos.

Con la llegada de Gmail, casi nadie clasifica o tira su correo electrónico, pero hacerlo es una tarea que contribuye a la disminución del desorden digital. Ya hay dos trabajos que se pueden hacer:

- Borra algunos mensajes,
- Guarda algunos archivos adjuntos.

Borrar algunos mensajes
Independientemente de la compañía que aloje sus correos electrónicos, hay tres áreas principales de eliminación en las que hay que centrarse:

1. Borra los correos electrónicos más antiguos,
2. Borra los correos electrónicos más pesados,
3. Eliminar los correos electrónicos más inútiles, es decir, a menudo el spam y los anuncios.

En Gmail, el rey de los buzones para consumidores, hay una herramienta de búsqueda muy útil para esto.

Se encuentra en un cuadro de búsqueda en la parte superior de la página web https://mail.google.com/mail.

Figura 30: Ejemplo de un buzón de Gmail

Si escribes "antes del [1 de] enero de 2010", Gmail te mostrará todos los mensajes de correo electrónico anteriores al [1 de] enero de 2010. Ponga cualquier año en lugar del 2010.

Si escribes "más grande:20M", Gmail mostrará todo el correo electrónico que supere los 20 megabytes. Ponga cualquier tamaño en lugar del 20 si lo desea.

Si escribes "has:attachment", Gmail sólo te mostrará los correos electrónicos que contengan un archivo adjunto.

Estas tres búsquedas también pueden hacerse rellenando un formulario.

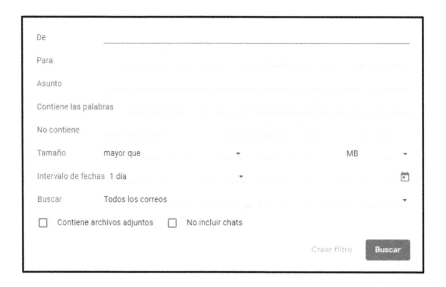

De	
Para	
Asunto	
Contiene las palabras	
No contiene	

Tamaño	mayor que	▼	MB	▼
Intervalo de fechas	1 día	▼		🗓
Buscar	Todos los correos			▼

☐ Contiene archivos adjuntos ☐ No incluir chats

Crear filtro **Buscar**

Figura 31: Formulario de búsqueda de Gmail

Por último, hay un método para rastrear y luego eliminar todo el correo basura de Gmail. Para ello, accede a la configuración de Gmail y a la sección "Etiquetas".

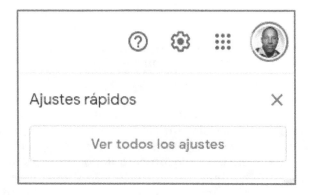

Ajustes rápidos ✕

Ver todos los ajustes

Figura 32: los parámetros están en la rueda dentada y luego "Ver todos los ajustes".

Luego haz clic en "Ver" las "Promociones". Obtendrás una etiqueta de "Promociones", si es que no lo has hecho ya, donde Gmail utiliza la inteligencia artificial para deducir que algunos correos electrónicos son anuncios o correos comerciales.

Figura 33: Las promociones son generalmente correos electrónicos con poco interés

Retener los adjuntos

Hay dos problemas cuando un usuario guarda archivos adjuntos en su buzón: por un lado, ocupan espacio, y por otro lado, es difícil encontrarlos más tarde. Tomemos el ejemplo de un amigo que te envía un documento importante que le pediste que escaneara. Nombra su archivo Scan0005.pdf y se lo envía en un e-mail con el asunto "Aquí como se solicita". Cuando abras este correo electrónico entenderás lo que tu amigo te está enviando. Sin embargo, si en 6 meses o 6 semanas, usted está buscando este archivo adjunto, le será difícil encontrarlo porque el nombre del correo electrónico y el nombre del archivo no son lo suficientemente precisos.

Así que lo mejor que se puede hacer es guardar el archivo adjunto en un smartphone, ordenador o nube.

Figura 34: Todo está mal nombrado en este correo electrónico

El buzón de correo electrónico actúa como un cajón de sastre, pero si se toman los archivos adjuntos con cuidado, será más fácil acceder a ellos más tarde.

Discos duros externos o SSD externos

Los discos duros externos son soportes de almacenamiento duraderos y de gran capacidad que consisten en un disco magnético encerrado en un estuche conectado a un cable USB. Son dispositivos que pueden contener una gran cantidad de datos por un precio relativamente bajo. Los SSD son memorias flash del mismo uso y tienden a suplantar a los discos duros. Para abreviar, en el resto de este libro, el término "disco duro externo o SSD" se reducirá a veces a "disco duro externo".

Ejemplos de precios de noviembre de 2020:

Capacidad	Disco duro	SSD
500 GB	40 €	85 €
1 TB	50 €	150 €

Si ya los está utilizando, compruebe su contenido con cuidado: lo que no debe hacer es utilizar un disco duro externo o una unidad SSD para colocar en ellos archivos que desee conservar pero que no existen en ningún otro lugar. En caso de robo, rotura, pérdida o fallo del disco duro externo, estos archivos se perderán para siempre.

Podemos clasificar en **tres** categorías, los casos de uso de un disco duro externo o SSD.

Transporte
Un disco duro externo o SSD puede utilizarse como medio de transporte para dar a alguien un archivo o carpeta grande que tardaría demasiado en enviarse por Internet.

Figura 35: Medios de transporte

Copia de seguridad
Un disco duro externo o SSD puede sincronizarse con un ordenador para guardar su contenido. Entonces contiene los mismos datos que el ordenador en cuestión. En Windows, esta copia de seguridad se puede hacer con el software FreeFileSync.

Figura 36: Copia de seguridad

Extensión
Se puede utilizar un disco duro externo o SSD como ubicación de almacenamiento adicional para un ordenador que se está quedando sin espacio en el disco. Luego complementa el SSD o el disco duro interno de la computadora. Pero en este caso, se debe proporcionar otro dispositivo para respaldar todo el asunto (ya sea un NAS o un servicio de nube).

Figura 37: Expansión del almacenamiento interno

Otras unidades periféricas

Para la mayoría de los usuarios, el desorden digital dentro de su computadora se compone de una montaña de archivos fuera de su computadora.

Los dispositivos son una miríada de medios que contienen datos, pero no están conectados permanentemente a una red. Son objetos "offline". Incluyen:

- Las memorias USB,
- Las cámaras,
- Los CD grabados,
- Las tarjetas de memoria.

La "zona offline" de sus bienes digitales es el conjunto de archivos que existen en una sola copia en los dispositivos extraíbles mencionados. Son archivos que están en la "oscuridad": no se pueden consultar sin realizar una acción manual. Esta acción manual es a veces imposible. Por ejemplo, si olvidas en casa una memoria USB que contiene una presentación muy importante para uno de tus clientes. Te das cuenta de esto una vez que llegas a la oficina del cliente, pero es imposible pedirle a un lápiz USB que se envíe a sí mismo por Internet.

Figura 38: El contenido de las memorias USB, CD, ... a veces está fuera del alcance de los usuarios: esta es la zona de desconexión.

Es necesario conocer varias buenas prácticas. En primer lugar, las memorias USB, las tarjetas SD y las cámaras deben ser consideradas como medios de almacenamiento transitorio.

La memoria USB, en particular, es un medio de transporte de datos y no un dispositivo de archivo duradero. Esto implica que es mejor repatriar regularmente los archivos contenidos en estos dispositivos y luego borrarlos. No tiene sentido mantener un archivo en una memoria USB como una sola copia. Por un lado, el archivo está fuera de línea y por lo tanto es inaccesible a menos que se realice una acción manual. Por otro lado, si la memoria USB es robada, rota o perdida, el archivo es irrecuperable. Si se le da un archivo en una unidad flash USB y no lo copia a una computadora, NAS o nube, entonces el transporte de ese archivo se considera incompleto.

Tan pronto como termine de tomar fotos con una cámara, debe conectarla inmediatamente a un ordenador para hacer una copia de seguridad de sus archivos. Esta es una obvia medida preventiva contra la pérdida de sus fotografías digitales.

En el caso de los CD y DVD, está surgiendo un nuevo concepto: la desmaterialización. Habrás notado que no siempre hay una unidad de CD/DVD en las computadoras recientes. Esto es normal: este método de almacenamiento se ha vuelto obsoleto después de sólo unos veinte años de funcionamiento. Imagina estas docenas, cientos de CD y DVD llenos de música, fotos, videos o documentos de la década de 1990/2000. En lugar de dejar que se hundan en el olvido, hay que aprovechar las últimas unidades ópticas disponibles en el mercado para extraer su contenido. Este acto de desmaterialización puede permitirte tener en tus manos pepitas, archivos olvidados que aún tienen un valor sentimental para ti.

Aquellos que tengan tiempo podrán convertirlos uno por uno en archivos inmateriales almacenados en una computadora. Por lo tanto, el acto manual de insertar los CD o DVD para reproducirlos no será necesario nunca más. Recuerde que es el medio que se vuelve obsoleto, no los datos que están escritos en él.

Figura 39: La desmaterialización implica la recuperación de archivos de medios obsoletos

A este respecto, en el capítulo siguiente se detalla cómo, técnicamente, debe llevarse a cabo la desmaterialización de los medios ópticos.

Desmaterializar

El verbo desmaterializar significa hacer inmaterial. En la informática, es la actividad de extraer datos fijados en un medio físico para almacenarlos en una computadora conectada a la red.

Esto incluye: fotos impresas en película, documentos impresos, MiniDisc, CD, DVD, casetes de audio, VHS, película de 8mm, diapositivas, cintas de videocámara, discos de vinilo, etc.

Figura 40: Desmaterialización de un CD

La desmaterialización consiste en extraer el contenido de la "zona offline".

Esto es posible gracias al nivel de calidad y rendimiento que han alcanzado las computadoras y los teléfonos inteligentes: sonido de alta fidelidad y pantallas con excelentes resoluciones y colores. La experiencia de usuario "antes manual" de navegar por álbumes de fotos o de reproducir un CD es ahora reproducible con los dispositivos actuales.

Figura 41: Las computadoras más antiguas no eran capaces de reproducir cualitativamente la música, las películas o las fotos. Hoy en día, incluso los smartphones tienen pantallas de alta definición.

La desmaterialización tiene las siguientes ventajas.

- **Comparte**. El archivo finalmente se vuelve difusible para varias personas al mismo tiempo. Dentro de los límites de los derechos de autor, es mejor compartir el contenido de un CD o DVD que guardarlo para uno mismo. Puede ser, por ejemplo, fotos de las vacaciones de 1998, videos familiares o viejos libros electrónicos grabados en CD.

- **Disponibilidad inmediata**. Ya no es necesario hacer un esfuerzo de investigación para ir a un medio de comunicación. No más ir al sótano, o tomar una escalera de mano para mirar un gabinete, o hurgar en una caja llena de CD sin etiquetar. Hoy en día, esperamos encontrar todo sin tener que esperar. La desmaterialización le permitirá hacer esto incluso con archivos muy antiguos.

- **Durabilidad**. El riesgo de perder el contenido se reduce considerablemente.

- **Anti-obsolescencia**. Las monturas tienden a volverse obsoletas con el paso de los años. Desmaterializando su contenido, los archivos pueden ser llevados a través de las décadas sin problemas.

Las desventajas de la desmaterialización son las siguientes.

- Esta actividad es costosa en términos de **tiempo de trabajo**. Por ejemplo, cada CD o DVD tiene que ser puesto, uno por uno, en una unidad. Para la mayoría de la gente, esto es demasiado tedioso.

- La desmaterialización siempre requiere un **equipo** especial. En el caso de los CD y DVD, se trata de la unidad óptica, así como del software, que no es necesariamente gratuito. Es potencialmente necesario comprarlo porque en las computadoras recientes, a menudo falta.

- Por último, es obvio: la desmaterialización requiere un abundante espacio de **almacenamiento.**

Para desmaterializar un disco óptico, hay que distinguir cuatro casos.

- Los videos del DVD,
- CD de audio,
- Blu-ray,
- CD de datos.

DVD de vídeo

Como todos sabemos, los DVD de vídeo son obleas de plástico en las que se graban películas, espectáculos, documentales o series. Estos medios de comunicación, inventados a finales de los años noventa, tienen un mecanismo anticopia para evitar que el público en general los duplique. Este mecanismo basado en la criptografía no resistió mucho tiempo y es posible convertir un vídeo DVD disponible en el mercado en un simple archivo ".mp4".

El software más poderoso es WinX DVD Ripper Platinum. Vendido al precio de 55 euros en el sitio web https://www.winxdvd.com/dvd-ripper-platinum/buy-fr.htm, este software tiene una interfaz de usuario muy sencilla. Es importante señalar que ni este software ni su uso es ilegal. Lo que es ilegal es distribuir los archivos obtenidos. Legalmente, quien sea el dueño del DVD tiene el derecho de guardar su(s) copia(s) de seguridad. No puedes darle un archivo de video a un amigo si te quedas con el DVD original.

📖 💻 ☜■ *el capítulo de Herramientas, se le propone un tutorial de WinX DVD Ripper.*

Al convertir todos tus DVD a archivos mp4, no tienes que aumentar tu desorden digital. Almacénelos en una carpeta de "Películas" o "Series de TV" en la carpeta de "Videos" de su computadora o NAS, por ejemplo. Ahora tendrás la oportunidad de ver una de tus viejas películas con un solo clic. Dentro de unos años, cuando ya nadie tenga un reproductor de DVD, seguirás teniendo tus películas como en los viejos tiempos.

Esta es la ambivalencia de la desmaterialización: mezcla la obsolescencia y la modernidad. Una vez más, no es el archivo lo que debe quedar obsoleto, sino sólo el medio.

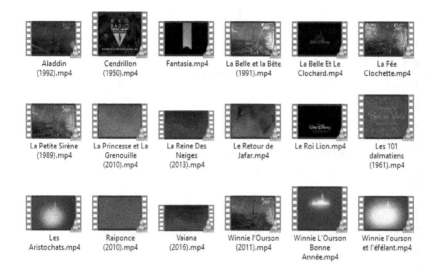

Aladdin (1992).mp4	Cendrillon (1950).mp4	Fantasia.mp4	La Belle et la Bête (1991).mp4	La Belle Et Le Clochard.mp4	La Fée Clochette.mp4
La Petite Sirène (1989).mp4	La Princesse et La Grenouille (2010).mp4	La Reine Des Neiges (2013).mp4	Le Retour de Jafar.mp4	Le Roi Lion.mp4	Les 101 dalmatiens (1961).mp4
Les Aristochats.mp4	Raiponce (2010).mp4	Vaiana (2016).mp4	Winnie l'Ourson (2011).mp4	Winnie L'Ourson Bonne Année.mp4	Winnie l'ourson et l'éfélant.mp4

Figura 42: Colección de DVD que se han convertido en archivos MP4

Es importante señalar que la resolución de las películas de DVD es de 576 x 720 píxeles, mucho más baja que la de HD o 4K. Así que no te sorprendas ni te decepciones.

Blu-ray

Para extraer películas de los discos Blu-Ray, puede utilizar el software MakeMKV disponible aquí: http://www.makemkv.com/.

Es un software muy fácil de usar, gratis por 70 días. Genera archivos MKV y no MP4.

CD de audio

Los CD de audio fueron inventados en 1982. No están protegidos por ningún mecanismo anticopia porque este aspecto de la protección del derecho de autor no se pensó en el decenio de 1980.

Para extraer un CD de audio, es necesario tener un lector óptico y un software de extracción, el más famoso de los cuales es CDex. Entonces sólo tienes que poner el CD en el reproductor y lanzar una extracción que generará un archivo MP3 por pista.

Después de extraer todas las pistas de todos los CD de audio, el ordenador se habrá convertido en el equivalente a una gramola (jukebox): uno de esos míticos dispositivos que contienen varios álbumes de música.

📖 💻 ☞■ *el capítulo de Herramientas, hay disponible un tutorial CDex.*

CD de datos

Última categoría de discos ópticos: los que contienen archivos. Estos no requieren mucho trabajo y no requieren ningún software específico: simplemente copie y pegue su contenido en el disco duro de su ordenador. A principios de la década de 2000, era común grabar fotos, música MP3 o DivX (películas pirateadas) sobre CD-R. Esta sesión de desmaterialización le permite volver a poner sus manos en viejos recuerdos.

Precaución: No desmaterializar los CD que contengan software. El software es un programa de ordenador que se vuelve obsoleto o incluso peligroso con el paso de los años. Si encuentra software en un CD viejo y polvoriento, es probable que contenga vulnerabilidades de software que se han corregido desde entonces pero que han permanecido intactas en el CD.

Una vez que haya completado esta desmaterialización, puede decir adiós a todos sus medios ópticos de una vez por todas.

Papel

La desmaterialización también significa el abandono del papel. A escala global, el papel está perdiendo terreno:

- Los libros están siendo reemplazados por libros electrónicos,
- Las revistas se leen en la estantería,
- Las facturas se reciben en formato PDF,
- Las fotos rara vez se imprimen,
- Los billetes de avión se han convertido en códigos QR,
- y así sucesivamente

Este trabajo de desmaterialización puede realizarse a nivel de los particulares gracias a un dispositivo ordinario: el escáner de documentos.

Figura 43: Un escáner de documentos

Con su escáner, puede, si lo desea, transformar una gran cantidad de documentos en JPG o PDF. Aquí tiene algunos ejemplos:

- Talones de pago,
- Diplomas,
- Identificaciones,
- Partidas de nacimiento,
- Prescripciones,
- y así sucesivamente

Puede valer la pena poner estos importantes papeles administrativos en formato digital porque a veces es más fácil buscarlos en una computadora que en un armario.

¿Alguna vez has pensado en perder tu pasaporte en medio de un país extranjero? Si tiene una versión escaneada al alcance de la mano, le será más fácil probar su identidad hasta que encuentre una embajada francesa.

A veces se está en la oficina y se tarda unos minutos en hacer algún trabajo administrativo cuando de repente se le pide "prueba de dirección" o "fotocopia del documento de identidad del cónyuge". Normalmente, tienes que esperar hasta que llegues a casa para buscar estos documentos, pero si ya no tienen papel, puedes conseguirlos al instante.

Otra categoría de documentos que puedes escanear, y no menos importante, es todas tus fotografías de plata impresas en papel. Antes del año 2000, la mayoría de las fotografías familiares sólo existían en papel. Llevarlos a escanearlos uno por uno es un trabajo que consume mucho tiempo, pero sólo tendrá que hacerse una vez.

Si no te sientes lo suficientemente valiente, algunas compañías ofrecen este tipo de servicio por una tarifa proporcional al número de fotos.

Diapositivas

Hay que explicar a los lectores más jóvenes de este libro que una diapositiva, a menudo llamada simplemente diapositiva por apócope, es un trozo de película invertida que muestra una sola fotografía y se inserta en un marco de plástico o cartón. Se pretende que se proyecte o se vea a través de la transparencia.

Figura 44: Se utilizó una diapositiva para mostrar una gran foto en una pared blanca o en una pantalla de lona.

Figura 45: Para mostrar las diapositivas se requiere un proyector

Para convertir las diapositivas, tendrá que comprar un convertidor de diapositivas. Este es un dispositivo que se vende por unos 90 euros en Internet. Tendrá que poner las diapositivas una por una en el escáner y éste producirá a cambio, archivos de fotos para ser almacenados en su ordenador.

Figura 46: Escáner de diapositivas

Después de convertir tus fotos o diapositivas de papel en archivos, no habrá más agujeros en tus carpetas de fotos.

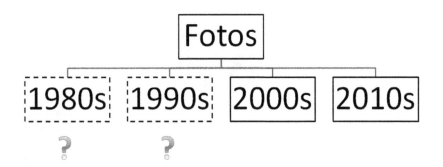

Figura 47: La mayoría de las personas no tienen fotos anteriores a 2000 en su computadora porque no han desmaterializado fotos antiguas o diapositivas de su familia.

VHS

VHS es el nombre oficial de los "videocasetes". Son los equivalentes en video de las fotos de plata: un recuerdo de los años 80/90/2000.

La figura anterior indicaba "La mayoría de la gente no tiene fotos anteriores a 2000 en sus computadoras. Después de esta frase, se puede decir que la mayoría de la gente no tiene videos de su familia antes del año 2000.

Figura 48: Un casete VHS

En las familias con una cámara de vídeo, uno de los miembros suele encargarse de filmar los distintos acontecimientos familiares. En aquellos días, había una variedad de formatos de almacenamiento de vídeo, pero en general, todo el mundo se las arreglaba para "doblar" (es decir, transponer) la cinta de la videocámara a un casete VHS porque era el formato más común para reproducirla en una videograbadora.

Entonces, como cualquier tecnología, la cinta VHS se volvió obsoleta alrededor de 2004. Desde que se inventó la videocámara en 1983, podemos decir que, en las familias que se han tomado la molestia, puede haber hasta veinte años de videos grabados en VHS.

La mayoría de la gente ha abandonado estos videos a su triste destino, en un sótano, un armario o bajo una cama. Tal vez incluso fueron a la basura.

Figura 49: Vídeos del autor de este libro, tomados de VHS de 1988 a 1997

Es frustrante, sin embargo, ¡tener algunos de los videos caseros como archivos y algunos como cintas viejas e inutilizables! Para resolver este problema, necesitamos desmaterializar el VHS, es decir, transformar cada uno de estos casetes en video MP4. ¿No sería genial volver a ver videos tuyos de los 90? ¿O quizás incluso ver por primera vez el video de la boda de tus padres?

Para hacer esta desmaterialización, vaya a Google y busque "Transferencias VHS", "Conversión VHS", "Desmaterialización de casetes" y obtendrá una gran cantidad de resultados porque este negocio está en auge. De hecho, nosotros, que hemos vivido antes y después del advenimiento de la TI, somos la generación adecuada para hacer esta conversión. Depende de nosotros convertir estos archivos antes de que se olviden o antes de que las videograbadoras dejen de funcionar.

Leyendo el título de este libro, pensaste que sólo aprenderías a organizar tus archivos, pero, de hecho, ahora sabes que tienes que crear nuevos archivos haciendo alguna investigación histórica. Explora los sótanos y armarios de tu familia en busca de estos preciosos registros y llévalos a un laboratorio de conversión de vídeo con carácter urgente.

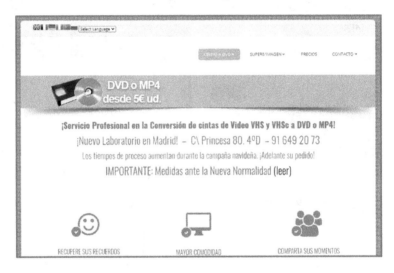

Figura 50: Ejemplo de un sitio web de un laboratorio de conversión de vídeo

Entonces vea, nombre y organice estos archivos con cuidado. Cuando lo haga, no dude en compartir estos archivos con su familia, por ejemplo, dándoles los vídeos en una memoria USB, o por cualquier otro medio.

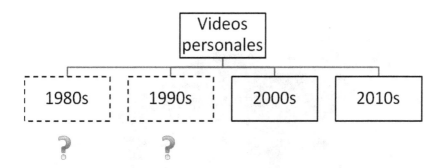

Figura 51: La desmaterialización del VHS le permitirá
finalmente tener los videos de los 80 y 90 al alcance de un clic

8mm o Super 8

Antes de las videocámaras, algunas familias (normalmente ricas)
filmaban sus eventos familiares en un formato de película de
8mm llamado Súper 8. Este formato duró desde 1965 hasta la
llegada de las cámaras de vídeo a mediados de los años 80.
Normalmente no hay sonido.

Al igual que con el VHS, tendrás que llamar a un laboratorio
para que te ayuden a extraer vídeos de una película de 8 mm y
convertirlos en archivos mp4. Esto le permitirá añadir recuerdos
aún más antiguos a su colección de vídeos caseros.

Figura 52: Cámara personal de 8 mm

Las películas en súper 8 son inmediatamente reconocibles por su aspecto envejecido, su proporción 4:3 y sus colores anticuados. Tienen un cierto encanto, aunque no haya banda sonora.

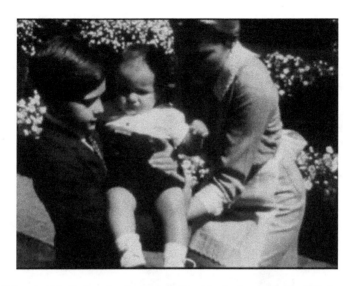

Figura 53: Extracto imitando 8mm, de la película "El Juego" - Universal Studios

Vinyls

Nuestro recorrido por los viejos medios termina con el LP, todavía llamado vinilo.

Este tipo de registro es tanto antiguo como actual. De hecho, por nostalgia, este apoyo está en fuerte regreso desde el final de los años 2010. Los tocadiscos que pueden reproducir vinilos casi han desaparecido de las casas de todos, pero han vuelto a las tiendas con características ampliadas, como diseños más delgados y la capacidad de convertir los discos a formatos digitales transportables como MP3 o FLAC (un formato de mejor calidad que el MP3).

Figura 54: un disco de vinilo

Figura 55: Plataforma giratoria, salida en 2019. Es compatible con USB y Bluetooth

Con este tipo de tocadiscos, ahora es posible comprar discos de vinilo (o usar los que ya tienes en casa) y luego convertirlos tú mismo en un archivo de ordenador MP3 o FLAC.

Ordene y nombre estos archivos y luego complete sus atributos como se explicó en los capítulos anteriores.

La ventaja de este método es que los nostálgicos amantes de la música tendrán más fácilmente en sus manos las canciones que han amado antes. La desventaja es que hay que admitir que la desmaterialización del vinilo es lenta y tediosa porque hay que recortar cada pista y nombrarla manualmente.

Centralizar

Contexto y doctrina

Mientras que hace veinte años el único dispositivo que contenía archivos era el ordenador personal (PC o Mac), hoy en día docenas de dispositivos juegan este papel: cámara, memoria USB, caja, smartphone, autorradio, tableta, consolas de juego, etc.

Figura 56: Un individuo suele poseer varios dispositivos informáticos

Las computadoras personales, los teléfonos inteligentes y las tabletas son la "zona en línea" de sus activos digitales: son dispositivos conectados a Internet.

La multiplicidad de dispositivos planteó rápidamente un problema: ¿cómo compartir archivos entre todos estos objetos distintos? ¿Cómo asegurar que el patrimonio digital de uno no se fragmente? Sería una pena tener tus fotos de 2002 a 2007 en un ordenador, tus fotos de 2008 a 2012 en un smartphone y las de 2013 a 2018 en una tableta.

El caso más común es tener los archivos de la oficina y las fotos antiguas en el PC, los archivos MP3 y las fotos recientes en el smartphone y algunos vídeos en la tableta.

Para poner fin a esta fragmentación, es necesario, por lo tanto, centralizar los archivos en un enésimo dispositivo que tendrá que desempeñar el papel de referente. Por convención, este dispositivo debe ser considerado como el propietario de la versión principal de sus archivos. Gran comunicador, este dispositivo tendrá que ser capaz de restaurar o actualizar sus archivos en cualquier momento del día o de la noche mientras permanece conectado a los demás.

Hoy en día, podemos promulgar la siguiente doctrina de orden:

"Cualquier archivo de usuario debe tener una versión accesible en línea".

Figura 57: "Cada archivo de usuario debe tener una versión accesible en línea." Esto significa que cualquier archivo debe ser accesible sin necesidad de una acción manual como, por ejemplo, conectar una memoria USB o ir a un dispositivo específico.

Por "archivo de usuario" hay que entender el archivo que tiene un uso directo por los usuarios. Es decir, excluye los llamados archivos de "Sistema", aquellos que permiten el funcionamiento del sistema operativo.

Las consecuencias de esta doctrina son las siguientes:

- Si tengo una foto en mi smartphone y es el único dispositivo en el mundo que contiene esa foto, estoy violando la doctrina porque no es posible ver esa foto desde otro dispositivo a través de una red. Se dice que el archivo está fuera de línea. Sin embargo, todavía puedo ver esta foto en la pantalla de mi smartphone.

- Si tengo un archivo que sólo está en una memoria USB, entonces estoy en violación de la doctrina porque tengo que hacer una acción manual para leer el archivo: es decir, conectar la memoria USB a un ordenador.

El término "en línea" debe ser detallado. Wikipedia nos dice que "un sistema (ordenador, red) y por extensión su uso o lo que contiene, se dice que está **en línea** si está conectado a otra red o sistema (por medio de una 'línea' de comunicación).

Históricamente, la primera forma que usamos para poner un archivo "en línea" fue a través del buzón. En efecto, cuando se consulta un archivo desde el buzón, se accede a un archivo en línea. En cualquier parte del mundo, si te conectas a la interfaz web de tu buzón, verás tus mensajes y los archivos que contienen, también llamados adjuntos. Por lo tanto, es un método arcaico de poner archivos en línea.

Figura 58: Este correo electrónico contiene un archivo adjunto. Por lo tanto, este archivo adjunto está en línea y es accesible a través de Gmail.

Hace tiempo que existe otro método para poner archivos en línea: FTP. Estos son servidores de archivos accesibles por una dirección, un puerto, un nombre de usuario y una contraseña. Pero es aún más arcaico y poco accesible para el público en general.

Poner en línea es centralizar

A diferencia de las generaciones anteriores, los usuarios de la tecnología actual están acostumbrados a poder acceder a cualquier cosa, en cualquier lugar y en cualquier momento. Wifi, 4G, ¡teléfonos inteligentes y otras tecnologías actuales han hecho que la informática sea casi mágica! Para llevar nuestros archivos personales a esta "magia", necesitamos centralizarlos, agruparlos, almacenarlos en un solo lugar, en un solo dispositivo que será accesible 24 horas al día, 7 días a la semana, 365 días al año.

Ya sea que esté en México, Japón, en su sala de estar o en su auto, de día o de noche, el usuario podrá acceder a sus archivos de la misma manera.

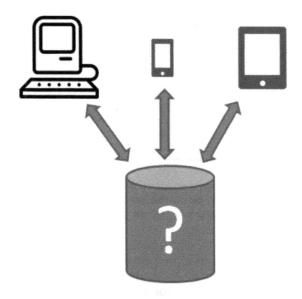

Figura 59: Un dispositivo debe federar a los otros

Sólo existen dos dispositivos para satisfacer adecuadamente esta necesidad de centralización: el NAS y la nube. Constituyen la "zona central" de sus activos digitales.

El NAS

Un Network Attached Storage (NAS) es un servidor informático que está permanentemente encendido, conectado a la red local y cuyo propósito principal es almacenar o restaurar archivos.

Este tipo de aparato se puede comprar en las tiendas por un precio mínimo de 159 euros.

Figura 60: Foto de un NAS

El NAS es un tipo de computadora sin pantalla, teclado, ratón, cámara web y altavoces. Su función principal es estar disponible para reproducir o guardar archivos de otros dispositivos. Su capacidad de almacenamiento le permite mantener una gran cantidad de archivos en casa.

Si estás convencido de los beneficios del NAS, tendrás que dar algunos pasos para llegar allí.

Primero, necesitarás saber cuánta capacidad de almacenamiento necesitas. Por ejemplo, 1TB, 2TB o incluso 8TB. La capacidad de almacenamiento que elija debe anticipar sus necesidades futuras. Si hoy te falta 1 TB de espacio en el disco, elige 2 TB por adelantado.

Figura 61: El NAS contiene una copia de los archivos de toda la familia

Hay que pensar en el hecho de que el NAS será el único dispositivo que contendrá los archivos de toda la familia. Si Jack tiene 1 Terabyte de archivos, y Mary tiene 1 Terabyte, Jack y Mary deben comprar al menos un NAS de 2 Terabytes. Incluso es aconsejable conseguir uno más grande en el futuro.

A continuación, compara las marcas de los fabricantes de NAS. Hay al menos cuatro de ellos confiando en el mercado.

- Synology (la más famosa)
- Western Digital
- QNAP
- Asustor

Tenga cuidado de comprar un NAS con discos duros incluidos, de lo contrario tendrá que comprarlos por separado y luego ir a un trabajo de informática para insertar los discos duros.

Figura 62: Algunos NAS están vacíos. Los discos duros comprados por separado deben ser insertados.

Hay dos categorías de NAS: los modelos más baratos contienen sólo un disco duro. Son menos robustos que los que contienen dos motores, así que evítalos. Tener dos discos en un NAS es una garantía de resistencia a los fallos: ambos discos duros contienen los mismos archivos que permitirán que el NAS siga funcionando incluso si uno de los dos discos falla. Este mecanismo se llama RAID.

En segundo lugar, la instalación de los NAS es un tema delicado. Son dispositivos muy simples en la superficie... excepto el día en que se instalan. Dado que cada modelo funciona de manera diferente, es imposible en este libro detenerse en los pasos involucrados en la instalación de un NAS casero. Pero aquí están los pasos generales:

1. Conecta el NAS a su caja o router con un cable de **red** comúnmente suministrado.
2. Conecta el NAS al enchufe **de la** pared.
3. Siga el **manual de** "Primeros Pasos" que se incluye en el paquete.
4. **Crear cuentas y carpetas de** usuario.

Una vez que el NAS se convierte en el centro de su infraestructura de TI, necesita configurar todos sus otros dispositivos para "girar" hacia el NAS para intercambiar datos con él. Este intercambio de datos puede tomar dos formas:

- Reproducción en flujo,
- Sincronización.

Aquí hay un ejemplo de un diagrama que muestra un NAS situado en el centro de un ecosistema de cinco dispositivos. El PC y el smartphone están sincronizados mientras que la TV, el estéreo y la tableta se transmiten al NAS. Para el estéreo y la televisión, normalmente hay pocas alternativas porque son dispositivos que no tienen memoria de almacenamiento.

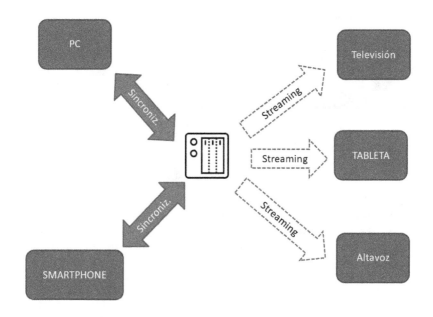

Figura 63: Diagrama de la NAS en su ecosistema

Modo terminal / Streaming

Streaming o descarga continua es reproducir el contenido enviado por un servidor (en este caso, el NAS) sin almacenar lo que se recibe. En términos prácticos, significa reproducir archivos del NAS con otro dispositivo, como un estéreo, un televisor o una tableta. Un dispositivo que realiza este tipo de reproducción a distancia puede considerarse un "terminal". No tiene ningún archivo, pero es capaz de leer los archivos del NAS.

Por ejemplo, en una familia, Juliette puede ver una película almacenada en el NAS, mientras que en la habitación de al lado, Emma escucha música almacenada en el mismo NAS. Por último, Marc navega por las fotos de las vacaciones, también almacenadas en el NAS.

Figura 64: La NAS como centro de entretenimiento multimedia

Las ventajas de la reproducción en streaming son:

- No hay uso del espacio del disco terminal,
- La certeza de leer la última versión del archivo,
- Cambiar de dispositivo es un juego de niños: sólo compra un nuevo artículo, inicia sesión y podrás ver todos tus archivos,
- Si el dispositivo es robado, sabemos que ningún archivo caerá en manos del ladrón.

Las desventajas de la reproducción en streaming son:

- Fuera de servicio si no hay red,
- Pérdida de calidad si el NAS y/o la red se sobrecargan.

¿Podría el PC, una vez un dispositivo desbordante de archivos, convertirse en una simple terminal como cualquier otra, desprovista de archivos? A partir del año 2015, el disco duro tradicional comenzó a entrar en una fase de declive. Los fabricantes de ordenadores se inclinan cada vez más por los SSD en lugar de los discos duros porque son más rápidos. Por otro lado, estos tienden a contener capacidades más pequeñas. Así que, en 2017, es tan común comprar un ordenador con 2 TB de disco duro como lo es comprar un ordenador con sólo 256 GB de almacenamiento SSD. Los efectos combinados de este pequeño almacenamiento (como el SSD de 256 GB) y los nuevos usos de la nube y el NAS están empujando lentamente a los usuarios al llamado "modo terminal". El PC se reduce a un papel de "lector" que nos permite ver o modificar nuestros archivos ubicados a distancia. Desde hace varios años, en las empresas, los empleados tienen formalmente prohibido escribir cualquier archivo en su ordenador profesional. Todo debe ser guardado en la red.

Modo sincronizado

La sincronización es algo totalmente distinto: se trata de asegurar la perfecta replicación de archivos entre dos dispositivos, en este caso el NAS y otro objeto conectado.

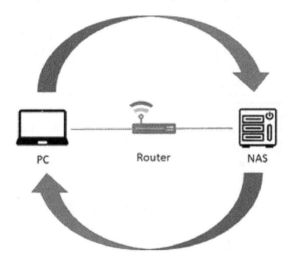

Figura 65: Diagrama simplificado de una sincronización cíclica

A diferencia de la terminal, el dispositivo sincronizado sí contiene archivos y, varias veces al día, se pone en contacto con el NAS para sincronizarse con él, es decir, para transmitir los archivos recién creados, modificados o eliminados desde la última sincronización. Esto se llama "replicación". Tiene archivos que se actualizan constantemente con el NAS.

Figura 66: Símbolo más utilizado para representar la sincronización

Hay varios modos de sincronización. Las dos más comunes son la llamada sincronización "espejo" y la sincronización "bidireccional". En el espejo, una carpeta B tiene instrucciones de verse exactamente como una carpeta A. Por lo tanto, este tipo de réplica implica una carpeta de plantillas y una carpeta espejo. Este modo está representado en este libro por una flecha unidireccional. Por el contrario, el modo bidireccional permite que cada una de las dos carpetas A y B influyan en la otra.

Las ventajas de la sincronización son

- Archivos accesibles incluso sin red ("offline"),
- La velocidad de acceso a los archivos no depende de la carga del NAS o de la red.

Las desventajas de la sincronización son:

- Requiere espacio en el disco del dispositivo replicado,
- No garantiza que el archivo que se está leyendo sea el más reciente.

Relación entre la NAS y el teléfono inteligente
Ahora veamos cómo un teléfono inteligente puede interactuar con un NAS. En la siguiente figura se muestra un ejemplo de sincronización a configurar entre el teléfono inteligente y el NAS.

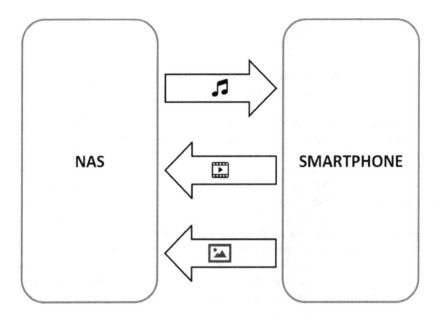

Figura 67: Ejemplo de sincronización de NAS/Smartphone

Uno puede imaginarse un sistema de sincronización en el que el NAS envía archivos MP3 automáticamente al smartphone para que el usuario tenga siempre a mano la última música. Por otro lado, el smartphone envía regularmente sus fotos y vídeos al NAS para subirlos y guardarlos.

Si el smartphone se pierde para siempre, sólo se perderán las pocas fotos y vídeos tomados desde la última sincronización. Por eso es importante elegir un mecanismo de sincronización que funcione a intervalos regulares.

En Android, hay varias aplicaciones de sincronización. Tomemos como ejemplo el muy eficiente "SyncMe Wireless". Esta aplicación es bastante fácil de configurar, funciona en cualquier dispositivo Android y permite establecer un mecanismo de sincronización con un NAS. Sólo hay que rellenar el nombre de una carpeta en el smartphone, el nombre de una carpeta en el

NAS y especificar a cuál se debe copiar y el asunto queda resuelto.

📖 🖥 ☜■ *el capítulo de Herramientas, se proporciona un tutorial de SyncMe Wireless.*

Para las fotos y los videos, hay dos maneras de realizar una sincronización unidireccional. El respaldo se hace copiando o moviendo. En el primer caso, las fotos y los vídeos tomados con el smartphone se copian en el NAS. En el segundo caso, se copian al NAS y luego se borran inmediatamente del smartphone. Este segundo método es el que respeta la mayor necesidad de privacidad porque el smartphone es purgado regularmente de sus archivos privados. Pocas personas optarán por este método porque a los usuarios de smartphones les gusta mirar o mostrar las fotos que tienen en su dispositivo como las personas que tienen hijos, los que acaban de volver de viajar o los que acaban de comprar un apartamento.

En el caso de una computadora personal fija (= computadora de escritorio), cuyo riesgo de robo o pérdida es más bien bajo y cuyo espacio de almacenamiento es más bien grande, es posible realizar una sincronización completa y bidireccional como se muestra en la siguiente figura.

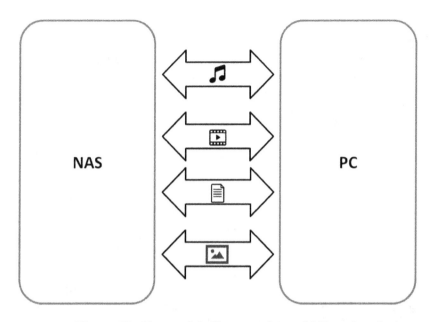

Figura 68: Sincronización completa y bidireccional

La sincronización bidireccional es la réplica de los cambios de los archivos en una dirección o en otra. El contenido del NAS y el PC están perfectamente sincronizados. Es una gran precaución contra la pérdida de archivos. Si el NAS falla, el usuario guarda una copia perfecta de los archivos en el PC. Por el contrario, si el PC muere, el NAS contiene los archivos. Por lo tanto, esta redundancia de archivos no debe considerarse como un desperdicio de espacio de almacenamiento.

Hay un excelente y gratuito software para realizar sus sincronizaciones en Windows: FreeFileSync.

📖💻 ☞■ *el capítulo de Herramientas, encontrarás un tutorial que explica FreeFileSync.*

La siguiente tabla le da una configuración ideal entre el "modo terminal" y el "modo de sincronización" para cuatro tipos de dispositivos. Presenta un equilibrio entre las ventajas y desventajas de los dos modos, dependiendo del tipo de dispositivo. Por ejemplo, un ordenador de sobremesa tiene mucho espacio de almacenamiento y tiene poco riesgo de ser robado, por lo que podemos sincronizar todos nuestros archivos en él. Por otro lado, una tableta suele tener poco espacio en el disco, así que sólo la usaremos para leer archivos a distancia.

	Smartphone	Tableta	Ordenador portátil	Computadora de escritorio
Documentos	Terminal	Terminal	Synchro	Synchro
Música	Terminal	Terminal	Synchro	Synchro
Fotos	Synchro	Terminal	Synchro	Synchro
Videos	Terminal	Terminal	Terminal	Synchro

Compartir el NAS con tu familia

El NAS, como elemento central de su instalación, debe ser almacenado adecuadamente. Las carpetas en la raíz de un NAS se llaman "Acciones". Cada miembro de la familia debe tener una parte nombrada. Es simple: elige los nombres de pila de las personas como los nombres de las acciones.

Otra acción, normalmente llamada "Pública", puede ser configurada para almacenar archivos que atraigan a toda la familia. En público, tenga cuidado de centrarse en los archivos sin valor sentimental y en el contenido "público en general" como películas, programas de televisión, vídeos musicales o música. Para usar una analogía casera: el NAS es una casa familiar, cada parte nombrada es un dormitorio, y la parte "pública" es el equivalente a la sala de estar.

Reducir el desorden digital también significa segregar los archivos de cada miembro de una familia. Hoy en día, los dispositivos son principalmente individuales: cada uno tiene su propio ordenador, smartphone, tableta. Pero el NAS es único en el hogar. Por lo tanto, debe estar claramente configurado para que nadie invada los datos de los demás.

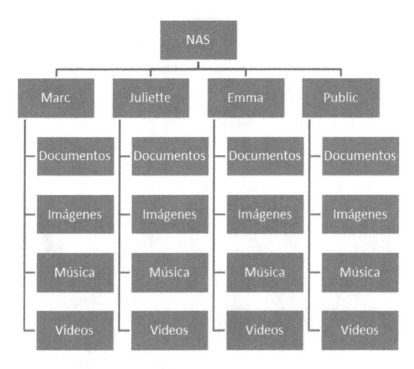

Figura 69: Separación de los archivos de los miembros de la familia

Si Marc y Juliette aceptan que cada uno vea los archivos del otro sin permitirle modificarlos, los derechos de acceso deben ser configurados. Lo mismo ocurre si quieren prohibir a su hija, Emma, ver sus archivos. Emma, que es reservada, no quiere que nadie vea sus archivos.

	El archivo de Marc	Archivo de Juliette	Archivo de Emma	Registro público
El usuario Marc	Escribir y leer	Sólo lectura	No hay acceso	Escribir y leer

La usuaria Juliette	Sólo lectura	Escribir y leer	No hay acceso	Escribir y leer
Usuario Emma	No hay acceso	No hay acceso	Escribir y leer	Escribir y leer

Esta configuración debe hacerse en la consola de gestión del NAS.

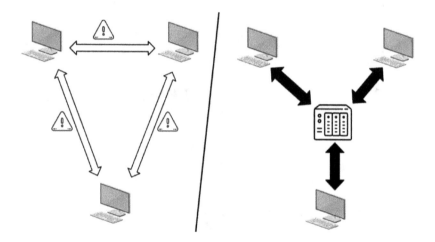

Figura 70: El rompecabezas de compartir archivos entre computadoras se acaba cuando tienes un NAS

Esta capacidad de compartir archivos del NAS es un factor para reducir en gran medida el desorden digital. De hecho, ya no es necesario duplicar los archivos de todos los dispositivos de la familia. Las fotos de las vacaciones de Marc están en su carpeta en el NAS, así que Juliette podrá verlas sin necesidad de tener una copia. Mientras el NAS esté encendido, y Marc permita que sus archivos sean vistos, Juliette podrá ver sus fotos.

El NAS se convierte en VOD

¿Y si te convirtieras en tu propio presentador de VOD (video on demand, Vídeo bajo demanda)? Plex es un software de gestión multimedia cliente-servidor que permite acceder a películas, series, música y fotos en el servidor sin importar dónde se encuentre el cliente, si tiene una conexión a Internet. Consiste en dos partes:

- El servidor Plex, que puede ser instalado en el NAS. Contiene y organiza los archivos y gestionará las conexiones de los clientes.
- El cliente Plex que recibe el contenido del servidor a través de un navegador web (a través de la página web) o una aplicación para móviles, televisores conectados, PC, ...

La presentación visual de Plex es sorprendentemente cercana a la de las famosas plataformas VOD. ¡Pero esta vez, todas las películas son tuyas! La interfaz visual es mucho más hermosa que la de Windows. Compare.

Figura 71: Plex genera sus propias portadas de películas listando las películas de los usuarios en el NAS

Figura 72: Aquí está la misma colección de películas, pero en Windows

Advertencia, Plex no está disponible o instalado en todas las marcas de NAS. En Synology, es un paquete opcional gratuito para instalar. Es bastante fácil de instalar.

Entonces la navegación entre las películas es un verdadero placer, digno de la interfaz de Netflix. Las películas provienen en particular de las que desmaterializó en el capítulo anterior.

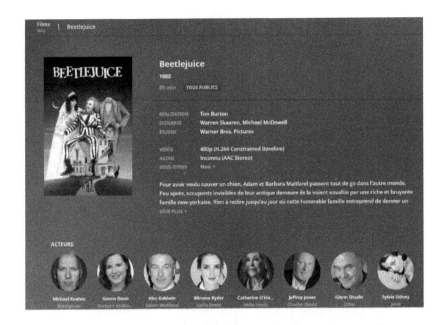

Figura 73: Exhibición autogenerada de los detalles de la película de Beetlejuice en Plex: sinopsis, portada, año de estreno, actores

Figura 74: Plex también maneja las series de televisión

Advertencia: Plex no fomenta las descargas ilegales. Es sólo una carpeta de archivos. Como se ha visto en el capítulo de desmaterialización, es muy posible que los archivos de DVD o Blu-Ray sean comprados legalmente y por usted.

El NAS incluso fuera de casa
Para competir con el concepto de la Nube, todos los fabricantes de NAS ofrecen la posibilidad de ver e incluso modificar el contenido de los NAS incluso fuera de casa a través de mecanismos de acceso remoto seguro.

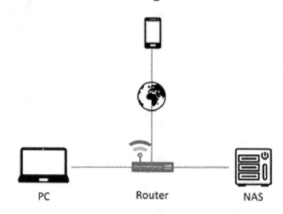

Figura 75: Un NAS es a menudo accesible incluso fuera de casa

El fabricante del NAS proporciona aplicaciones (Android e iOS) y un sitio web para acceder a todos los archivos del NAS. Ya sea que estés frente al NAS o a 18.000 kilómetros de casa, no hay diferencia: tus archivos te siguen en el bolsillo. Por lo tanto, la centralización de los archivos tiene como efecto secundario, su ubicuidad. Esta facilidad de acceso a sus archivos de forma remota desde su casa debería animarlos a no poner demasiados archivos en su smartphone o portátil.

Esta itinerancia de datos es una característica esencial de la próxima generación de NAS, ya que permite al usuario ser nómada sin sobrecargar su smartphone con archivos. Puedes mirar fotos de tus hijos en un viaje de negocios o seguir viendo una película en una sala de espera que no tuviste tiempo de terminar el día anterior.

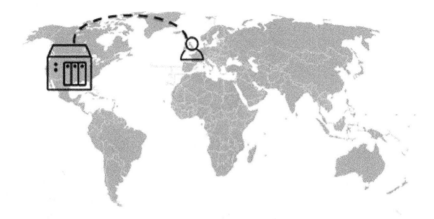

Figura 76: La mayoría de los dispositivos NAS le permiten ver o editar sus archivos en cualquier parte del mundo.

La nube

Definición
La nube es el nombre genérico que se da a los servicios de almacenamiento de archivos en línea. Es el gran competidor de la NAS. Tiene ventajas y desventajas.

En inglés se dice "Cloud". Es un neologismo del que el público en general ha estado escuchando desde principios de 2010. Esta tecnología consiste en alojar archivos en los servidores compartidos de empresas externas. Este almacenamiento situado "en otro lugar" está representado por una nube para reflejar la facilidad y la ubicuidad del servicio.

Figura 77: Representación comercial de la nube

Con el concepto de la nube, el público en general se deja deliberadamente en la oscuridad. Los usuarios no saben ni necesitan saber dónde y cómo se almacenan sus archivos. La invisibilidad de la infraestructura de hardware de la nube apoya el concepto de que la nube está llena de datos (en lugar de lluvia) y es ubicua a nuestro alrededor.

Así que, para desmitificar la cosa, aquí está, en exclusiva, la representación material de una nube, en la siguiente figura.

Figura 78: Fuera de un centro de datos

La nube es un servicio que se presta a los usuarios a través de uno o más centros de datos (data centers), una especie de fábrica de computadoras que contiene pasillos y corredores de computadoras permanentemente iluminados.

Figura 79: Interior de un centro de datos

La distancia que separa a un usuario de sus datos es totalmente desconocida para él, pero es muy probable que estén en el mismo continente que él, con otra copia permanente al centro de datos en otro continente. Esta redundancia de datos garantiza que el usuario no perderá el acceso a sus datos incluso en caso de fallo.

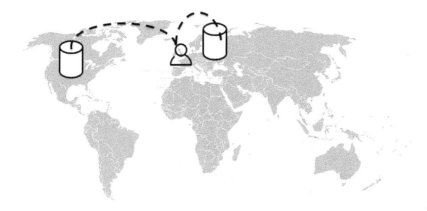

Figura 80: Redundancia geográfica

Incluso si un desastre golpea el centro de datos de los Estados Unidos, los archivos de los consumidores seguirán estando disponibles gracias al centro de datos de Polonia, por ejemplo.

Existe otra redundancia a nivel de los propios servidores: RAID. Esta técnica de almacenamiento asegura que, incluso cuando un disco duro falla, otro u otros siguen funcionando mientras se está reemplazando. Esta tecnología se encuentra en algunos NAS.

Figura 81: En los servidores del centro de datos, cada archivo se almacena en varios discos duros.

Ventajas y desventajas
¿Se puede confiar en los servicios de almacenamiento en la nube? La respuesta es sí, pero debemos ser cautelosos con los siguientes tres puntos.

A diferencia del NAS, el usuario ya no tiene el control total de sus archivos. Si el gobierno de EE.UU. quiere consultarlos, puede hacerlo. Y si el proveedor de hospedaje cierra su cuenta o quiebra, el servicio se detiene.

En caso de cualquier fallo en Internet, sus archivos ya no están disponibles. Este será el caso si tu caja se rompe por ejemplo o si estás en un área no cubierta por 4G o Wifi.

Si por alguna razón su cuenta es cancelada, perderá todo el acceso a sus datos.

Otra desventaja de la nube, a diferencia de la NAS, las velocidades son lentas si no tienes la fibra. Es necesariamente más rápido transferir un archivo en una red interna que en una externa si sólo se tiene ADSL. En fibra, los tiempos de transferencia de la nube o del NAS son equivalentes, especialmente con Google Drive.

Por el contrario, las ventajas de los servicios en la nube son numerosas. En primer lugar, la nube te ahorra la fatiga de comprar e instalar un NAS en tu casa. Esta es una gran ventaja para la gente que no se siente cómoda con la informática. Todo lo que tienes que hacer es suscribirte. Nada que instalar, nada que conectar.

La segunda ventaja innegable es la seguridad física de sus datos. Almacenados en grandes almacenes redundantes, sus archivos están a salvo de robos, incendios, apagones, robos y daños por agua, mientras que el NAS alojado en casa es altamente vulnerable a los cinco.

La tercera ventaja es la durabilidad del servicio. Está bastante seguro de que el servicio durará años, mientras que un NAS normal tenderá a fallar algún día.

La cuarta ventaja de la nube es su nivel de adaptación a las necesidades. Para aumentar el espacio de almacenamiento, sólo tiene que suscribirse a la oferta más alta y se hace en un minuto. Para aumentar el espacio de un NAS, tiene que reemplazarlo o desatornillarlo y agregar o reemplazar un disco duro.

Pero en general, el resultado es el mismo con un NAS o un servicio en la nube: sus archivos están centralizados. Hay dos modos de funcionamiento: streaming o sincronización.

Al igual que con el NAS, los servicios de almacenamiento de archivos en línea pueden ser sincronizados o simplemente transmitidos. El siguiente diagrama muestra el uso más común.

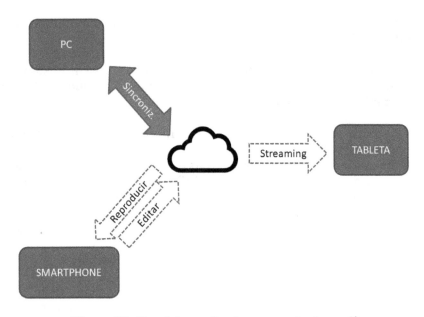

Figura 82: Ecosistema de almacenamiento en línea

Instalando una sencilla aplicación en tu smartphone, puedes estar seguro de que todas tus fotos se guardarán automáticamente en la nube donde quiera que estés. A la inversa, puedes ver todas las fotos de la nube con la misma aplicación.

Figura 83: Guardar y ver fotos/vídeos

Para la automatización de la oficina, es lo mismo. El usuario puede escribir documentos de Word o rellenar hojas de Excel desde un teléfono inteligente o una tableta.

Figura 84: Es posible utilizar un teléfono inteligente + un servicio de nube para hacer el trabajo de oficina, como en un PC

En función de sus limitaciones, es posible entonces trabajar en modo "offline" o "online", es decir, dejar el archivo en replicación en el smartphone o sólo modificarlo a distancia en la nube sin ocupar el espacio del disco del smartphone.

En la computadora, es similar. También hay dos modos de funcionamiento: si quieres trabajar en el archivo de forma remota sin dejarlo caer en el ordenador, todo lo que tienes que hacer es acceder al servicio de nube con un simple navegador web. Por el contrario, si prefieres el modo de replicación, entonces necesitas instalar un pequeño programa de software que asegure la sincronización entre la computadora y la nube.

Tarifas y funcionamiento

Para suscribirse a un servicio de almacenamiento en la nube, es necesario hacer un pequeño estudio comparativo de la oferta actual. Algunos proveedores ofrecen suscripciones gratuitas para pequeñas cantidades de almacenamiento.

El primer paso es evaluar la cantidad de GB o TB (Gigabytes o Terabytes) necesarios para almacenar su patrimonio digital.

Muchas ofertas de almacenamiento en la nube son gratuitas o están incluidas en paquetes que ya tienes. Por ejemplo, su proveedor de servicios de Internet puede ofrecerle almacenamiento gratuito en la nube.

Aquí está un estudio de los precios de almacenamiento en noviembre de 2020 para algunos servicios de nubes conocidos.

Google Drive

Almacenamiento	15 GB	100 GB	200 GB	2 TB
Precios	Gratis	1,99 euros/mes	2,99 euros/mes	9,99 euros/mes

One Drive

Almacenamiento	5 GB	100 GB	1 TB	6 TB
Precios	Gratis	2 euros/mes	69 euros/año	99 euros/año
			+ Paquete de oficina	+ Paquete de oficina

Dropbox

Almacenamiento	2 TB	3 TB	5 TB	Ilimitado
Precios	9,99 euros/mes	16,58 euros/mes	10 €/ usuario / mes	15 €/ usuario / mes

Amazon Drive

Almacenamiento	5 GB	100 GB	1 TB	
Precios	Gratis	1,99 euros/mes	9,99 euros/mes	

Fiel a su imagen de simplicidad, la nube es muy fácil de usar, sin ninguna configuración.

Elija la capacidad adecuada según sus necesidades.

Una vez que te has suscrito a un servicio de alojamiento en la nube, obtienes espacio de almacenamiento de tu proveedor de alojamiento. Este espacio de almacenamiento es accesible a través de una dirección URL.

La mayoría de los proveedores de hospedaje han optado por una interfaz similar de fácil manejo: el logotipo del servicio en la parte superior izquierda, la estructura de árbol en la izquierda y el área de archivos en la derecha.

Por ejemplo https://drive.google.com/drive/my-drive para Google Drive:

Figura 85: Nube "vacía" en el disco de Google (8,4 GB de 15 ya están ocupados por los correos electrónicos de Gmail)

Otro ejemplo es https://onedrive.live.com para Microsoft OneDrive:

Figura 86: Nube vacía en Microsoft OneDrive

Tercer ejemplo, en Amazon Drive, con el URL https://www.amazon.fr/clouddrive/.

Figura 87: Nube vacía en Amazon Drive

Ahora necesitas instalar el pequeño módulo para sincronizar tus archivos. Es un programa que se ejecutará regularmente en tu PC o Mac para pasar en tiempo real todas tus creaciones, modificaciones y eliminaciones de archivos a la nube.

Para conseguir este sincronizador, no debería tener ninguna dificultad: el sincronizador de Microsoft OneDrive ya existe en todos los ordenadores con Windows 8 o 10 en todo el mundo.

Para otros, busque los enlaces "Obtener aplicaciones" o "Descargar unidad para PC", normalmente en la parte inferior izquierda de las páginas web.

Por ejemplo, en Google Drive, tienes esta página: https://www.google.com/drive/download/

Figura 88: Página para descargar el módulo de Google Drive

Haga clic en "Descargar" (desde la izquierda) para obtener el siguiente archivo de instalación:

installbackupand
sync.exe

Figura 89: Sincronizador de PC de Google Drive

Haga doble clic en él para instalarlo y luego siga el cuestionario de instalación:

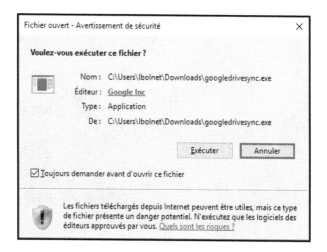

Figura 90: Advertencia de seguridad de Windows

En algún momento, se le pedirá el nombre de usuario y la contraseña de su cuenta de Google para autentificar su conexión a la nube.

Figura 91: Página de autenticación de Google Drive

Una vez conectado, Google Drive te dice que se ha creado una carpeta de Google Drive en tu ordenador. A partir de ahora es esta carpeta la que actuará como una puerta de sincronización entre su ordenador y la nube. Todo en esta carpeta también estará en la nube y viceversa.

Figura 92: La primera vez que pones archivos y carpetas en la carpeta Google Drive, una copia de cada uno irá inmediatamente a la nube de Google.

Ahora puedes arrastrar y soltar tus cuatro carpetas -Música, Documentos, Vídeos e Imágenes- a la carpeta de Google Drive (o OneDrive, o Dropbox, lo que sea).

*Advertencia: depende de ti saber si te has suscrito a espacio suficiente para todos tus archivos. Si excede el espacio que se le ha asignado en la nube, se arriesga a errores de operación o a un aumento de precio. Asegúrese de medir el tamaño de sus archivos antes de suscribirse.

Figura 93: Debes moverte y no copiar

Ahora todo lo que tenemos que hacer es esperar.

Cuando un archivo o carpeta está en camino hacia la nube, se ve un pequeño círculo azul en su icono:

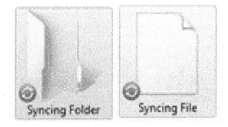

Figura 94: Carpeta oarchivo que se está sincronizando

Por otra parte, si el icono tiene una pequeña marca verde significa que la sincronización se ha completado y por lo tanto el archivo o carpeta es exactamente el mismo en el ordenador y en la nube.

Ready Folder   Ready File

Figura 95: Carpeta o archivo totalmente sincronizada

El tiempo de sincronización depende de la velocidad de tu conexión a Internet y del tamaño de los archivos que tengas. Por lo tanto, puede tomar un minuto, una hora, un día, una semana o más...

Se recomienda encarecidamente no tener una conexión ADSL para utilizar un alojamiento en la nube. Es demasiado lento. Prefiero la fibra.

También hay que tener en cuenta la velocidad de la nube. Compare las velocidades de los siguientes servicios (prueba realizada al cargar y descargar un archivo de 54,5 Mb el 22 de diciembre de 2018 con una conexión de carga de 5 Mbps y una conexión de descarga de 100 Mbps).

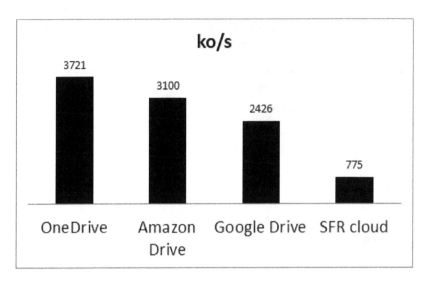

Figura 96: Prueba de flujo ascendente (2017)

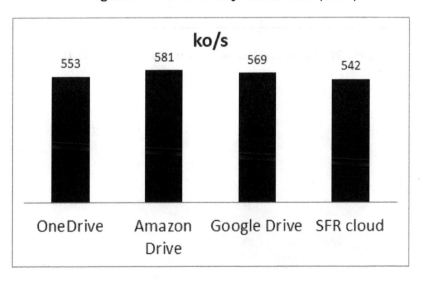

Figura 97: Prueba de flujo descendente (2017)

Una vez que la sincronización se haya completado, verás que todos tus archivos han llegado a la nube.

Figura 98: Visualización de las carpetas en Google Drive, con un PC

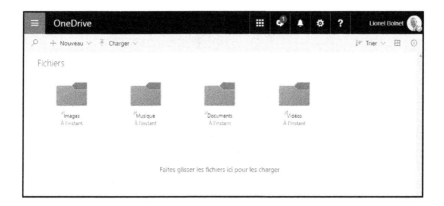

Figura 99: Visualización de sus carpetas en OneDrive, usando un PC

Todo lo que tienes que hacer ahora es usar tus archivos como lo hacías antes. Cualquier cosa que les pase se reflejará en la nube.

Acción	Repercusiones en la nube
Crear un archivo	Creando el archivo
Renombrar un archivo	Renombrar el archivo
Mover un archivo	Mover el archivo
Editar un archivo	Modificación + versionado
Borrar un archivo	Basura

En Google Drive, incluso puedes hacer una copia de seguridad de varios ordenadores. Por ejemplo, si tiene una computadora en el trabajo y otra en el hogar, sus archivos se almacenarán por separado en este grupo:

Figura 100: Separador de ordenadores en Google Drive

Versionado

Gracias al versionado, podrás encontrar las versiones antiguas de cada archivo. Esto es útil si has cambiado accidentalmente una frase en un documento de Word y no puedes recordar lo que se marcó antes.

Para ello, vaya a la página web de su servicio de alojamiento y haga clic con el botón derecho del ratón en el archivo y entre en el menú "Administrar versiones":

Figura 101: Administración de versiones en Google Drive

Teléfonos inteligentes
Para los smartphones, es lo mismo: empieza descargando la aplicación Android o iOS del servicio en la nube de tu elección.

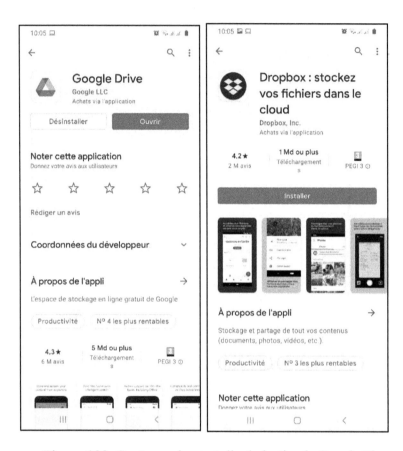

Figura 102: Capturas de pantalla de la tienda Google Play

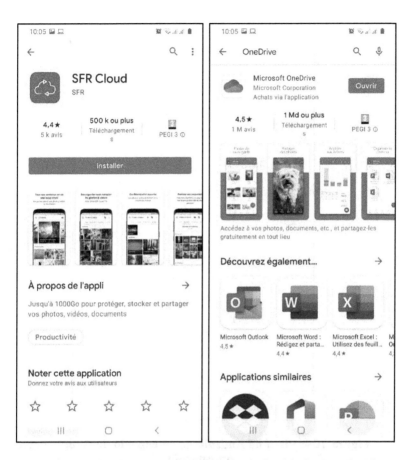

Figura 103: Capturas de pantalla de la tienda Google Play

A continuación, inicie la aplicación e inicie sesión con sus credenciales o cree una cuenta si es la primera vez que utiliza el servicio.

Las manipulaciones son bastante intuitivas.

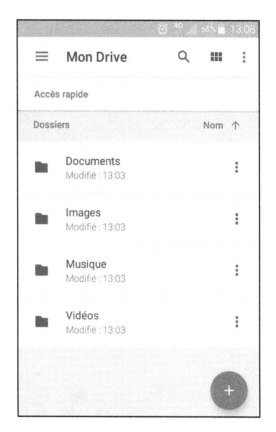

Figura 104: Vista de Android de tu espacio de Google Drive con Android

Para pedirle a la aplicación que haga una copia de seguridad permanente de sus archivos, los pasos suelen ser bastante sencillos.

Figura 105: Captura del menú Backup de la aplicación Google Drive, en Android

El PC cero

Los servicios en la nube como Google Drive o OneDrive no son adecuados para archivos de vídeo grandes como películas y series comerciales. Por un lado, porque los tiempos de transferencia son muy largos y por otro lado porque los servicios en la nube se reservan el derecho de eliminar los archivos de vídeo si creen que infringen los derechos de autor.

Un usuario de la nube tenderá a optar por tres servicios distintos:

- **Un servicio de VOD o SVOD** para ver películas y series.
- **Un servicio de plataforma de transmisión de música** legal.
- **Un servicio de almacenamiento en la** nube para sus fotos y documentos.

Documents y Fotos   Music   Series y Películas

Figura 106: Tres ejemplos de servicios en la nube para diferentes usos

Con estos servicios, hay incluso una tendencia a hacer desaparecer el viejo ordenador personal y con él, el desorden digital.

- El estéreo o el altavoz Bluetooth se conecta directamente a Spotify o Deezer (u otra plataforma de música en streaming).
- El televisor está conectado directamente a Netflix o Amazon Prime (u otra plataforma VOD o SVOD).
- La tableta se utiliza para editar o leer documentos almacenados en la nube.
- El teléfono inteligente se utiliza para coordinar todo o para mirar las fotos almacenadas en la nube.

124

¡Un usuario así simplemente se encuentra sin un ordenador en casa! Esta tendencia de "cero PC" es particularmente atractiva para los jóvenes. Son consumidores más que usuarios de computadoras. No quieren tener que manejar dispositivos y árboles.

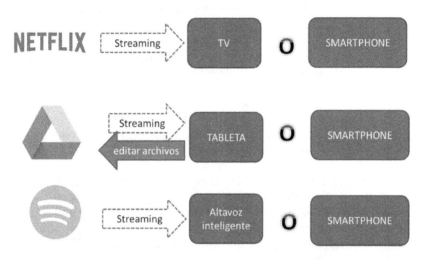

Figura 107: Ejemplo de un ecosistema centrado en las uñas

La cuestión de la confidencialidad

Es crucial subrayar que un archivo "en línea" no significa necesariamente "disponible para todo el mundo". Es obvio que toda persona tiene derecho a tener archivos personales y secretos.

La disciplina que garantiza que un archivo sólo sea accesible a quienes tienen derecho a acceder a él es la ciberseguridad: un conjunto de medidas técnicas y tecnológicas que impiden el acceso a un archivo por parte de extraños.

Ya sea el NAS o la Nube, hay teóricamente suficientes medidas de seguridad para evitar que el 99,9% de las veces alguien acceda a sus archivos sin su permiso. No existe el riesgo cero, pero es similar al riesgo de que alguien entre en su casa. Si tener todos tus archivos a mano no es importante para ti, entonces no los pongas en línea. Pero, por otra parte, corres otros riesgos en la vida que son mucho mayores, como conducir un coche, o no tener una cerradura de 4 puntos en la puerta delantera.

Para reforzar la confidencialidad de sus archivos antes de ponerlos en la Nube, también puede optar por un mecanismo de encriptación, es decir, un dispositivo que "encripta" cada archivo con una contraseña.

Para el NAS, es diferente, puedes encriptar todo el NAS con una clave de cifrado. Al hacerlo, se reduce aún más el ya bajo riesgo de interceptación de sus archivos.

De una manera más sencilla, asegúrese de asumir la responsabilidad de su propia ciberseguridad siguiendo las recomendaciones de seguridad del fabricante de su NAS o servicio en la nube. Por ejemplo, elija contraseñas largas y complicadas, habilite la autenticación de dos factores (el modo de inicio de sesión que le envía un mensaje de texto para verificar su contraseña).

Parecido entre la centralización y el respaldo

Todas estas nociones de centralización de archivos se acercan mucho al concepto de copia de seguridad. En general, hay que tener en cuenta que un archivo guardado en un solo medio corre el riesgo de perderse. Se deben guardar al menos dos copias de cada archivo.

Hacer copias de seguridad

La realización de copias de seguridad de los archivos no es, en sentido estricto, una actividad que contribuya a reducir el desorden digital, pero su aplicación está en consonancia con las actividades presentadas en los capítulos anteriores. Si no haces una copia de seguridad de tus archivos, todo el trabajo hecho en los pasos anteriores puede convertirse en humo.

La volatilidad de los archivos es un obstáculo psicológico para muchas personas. Todos hemos experimentado la pérdida de un archivo o incluso de un ordenador entero debido a un error, un virus, una falsa manipulación, una corrupción del disco duro o una caída fatal del ordenador portátil. Estos momentos nos han dolido porque hemos perdido un informe de 200 páginas, una carpeta de fotos o un puñado de correos electrónicos. Y desde entonces, ya no confiamos en estos dispositivos. Lloramos su solidez. No confiamos en ellos por miedo a que nos hagan daño de la misma manera.

Sin embargo, es posible recuperar la confianza en el ordenador con un simple hábito: ¡baterías regulares! Esta actividad, que consiste en copiar un archivo a otro medio para utilizarlo si se pierde el original, es un reflejo inevitable en las empresas, pero este reflejo escapa por completo al público en general. Si no quieres tener que reescribir un informe de 200 páginas, la solución es simple: guárdalo regularmente, es decir, no sólo al final de su redacción.

Para los teléfonos inteligentes, es lo mismo. La mayoría de la gente no hace una copia de seguridad del contenido de su smartphone. Es bastante edificante: la gente se gasta una fortuna en teléfonos inteligentes (a veces 800, 900, 1000 euros) pero no hace ningún esfuerzo por mantener el contenido (fotos o vídeos). Tienen un fuerte apego al dispositivo, pero no a las fotos o videos que toman. Esto es totalmente ilógico. Si le preguntas a alguien en la calle, "por favor muéstrame la foto personal más antigua que tengas", es muy probable que obtengas la respuesta "No tengo las fotos de mis anteriores smartphones porque se rompieron con cientos de archivos dentro".

Tenga en cuenta que, aunque cambie su smartphone cada 12 meses, esto no significa que deba tirar sistemáticamente los archivos que contienen. Siempre debes mantener tus activos digitales.

El ciclo de copia

Ya sea que se trate de teléfonos inteligentes o de PC, es necesario superar la obsolescencia de los medios, es decir, mantener la integridad de sus activos digitales a medida que adquiere el equipo, gracias al ciclo de copia: es necesario hacer regularmente una copia de seguridad de sus archivos copiándolos de un medio a otro. Este método evitará que los pierda.

Figura 108: Si el dispositivo A envía regularmente una copia de sus archivos al dispositivo B, se reduce el riesgo de perder sus archivos. Ya sea que A o B falle, los datos siempre estarán en el otro.

Tenga en cuenta que la distancia espacial de los dispositivos es fundamental en términos de respaldo: el dispositivo A y el dispositivo B son cada uno un respaldo del otro siempre que estén muy separados. Si, por ejemplo, tienes en tu mochila un ordenador portátil y un disco duro externo que contiene una copia de seguridad del ordenador portátil, sigues estando en peligro de perderlo porque si te roban el bolso en el metro, lo has perdido todo. Para evitarlo, debe mantener el dispositivo B en un lugar completamente diferente al dispositivo A, generalmente en casa.

Figura 109: Artículo de periódico sobre un estudiante que pierde meses de trabajo cuando le roban el ordenador

La doctrina de la salvaguarda es:

> *"Cualquier archivo de usuario debe tener otra copia idéntica, almacenada en otro dispositivo".*

En algunos aspectos, el concepto de centralización, descrito anteriormente en este libro, es similar al de respaldo. La diferencia es la noción de un archivo "online".

La copia de seguridad también proporciona la oportunidad de realizar el versionado. Esto consiste en mantener una copia diferente del mismo archivo para cada ciclo de copia de seguridad. Esto se utiliza para encontrar un archivo como lo fue hace varios minutos y así restaurar una falsa manipulación.

Figura 110: El versionado le permite retroceder en el tiempo para encontrar el estado antiguo de un archivo.

Por ejemplo, este libro fue respaldado docenas de veces mientras se escribía (en promedio cada 10 minutos).

Nom	Modifié le
📄 Vaincre le désordre numérique - v2.docx 2020-11-17 014501.docx	17/11/2020 01:33
📄 Vaincre le désordre numérique - v2.docx 2020-11-17 013501.docx	17/11/2020 01:22
📄 Vaincre le désordre numérique - v2.docx 2020-11-17 012501.docx	17/11/2020 01:14
📄 Vaincre le désordre numérique - v2.docx 2020-11-17 011501.docx	17/11/2020 01:01
📄 Vaincre le désordre numérique - v2.docx 2020-11-17 010501.docx	17/11/2020 00:54
📄 Vaincre le désordre numérique - v2.docx 2020-11-17 005501.docx	17/11/2020 00:44
📄 Vaincre le désordre numérique - v2.docx 2020-11-17 004501.docx	17/11/2020 00:34
📄 Vaincre le désordre numérique - v2.docx 2020-11-17 003501.docx	17/11/2020 00:24
📄 Vaincre le désordre numérique - v2.docx 2020-11-17 002501.docx	17/11/2020 00:08
📄 Vaincre le désordre numérique - v2.docx 2020-11-17 001501.docx	17/11/2020 00:02
📄 Vaincre le désordre numérique - v2.docx 2020-11-17 000501.docx	16/11/2020 23:54
📄 Vaincre le désordre numérique - v2.docx 2020-11-16 235501.docx	16/11/2020 23:41
📄 Vaincre le désordre numérique - v2.docx 2020-11-16 234501.docx	16/11/2020 23:27
📄 Vaincre le désordre numérique - v2.docx 2020-11-16 233501.docx	16/11/2020 23:24
📄 Vaincre le désordre numérique - v2.docx 2020-11-16 232501.docx	16/11/2020 20:50
📄 Vaincre le désordre numérique - v2.docx 2020-11-16 205501.docx	16/11/2020 20:44
📄 Vaincre le désordre numérique - v2.docx 2020-11-16 204501.docx	16/11/2020 19:06
📄 Vaincre le désordre numérique - v2.docx 2020-11-16 191501.docx	16/11/2020 19:02
📄 Vaincre le désordre numérique - v2.docx 2020-11-16 190501.docx	16/11/2020 18:38
📄 Vaincre le désordre numérique - v2.docx 2020-11-16 184501.docx	16/11/2020 18:27
📄 Vaincre le désordre numérique - v2.docx 2020-11-16 183501.docx	16/11/2020 18:24
📄 Vaincre le désordre numérique - v2.docx 2020-11-16 182501.docx	16/11/2020 18:12
📄 Vaincre le désordre numérique - v2.docx 2020-11-16 181501.docx	16/11/2020 18:02
📄 Vaincre le désordre numérique - v2.docx 2020-11-16 180501.docx	16/11/2020 17:50
📄 Vaincre le désordre numérique - v2.docx 2020-11-16 175502.docx	16/11/2020 17:45
📄 Vaincre le désordre numérique - v2.docx 2020-11-16 174501.docx	16/11/2020 17:35
📄 Vaincre le désordre numérique - v2.docx 2020-11-16 173501.docx	30/01/2019 00:01

Figura 111: Versiones sucesivas de este libro

Revisemos los modos de respaldo de cinco dispositivos cotidianos.

Copia de seguridad de un smartphone

El respaldo de los teléfonos inteligentes se generalizó cuando se les empezó a confiar información íntima como fotos y videos.

Hay cuatro métodos principales para hacer copias de seguridad de fotos y videos desde un teléfono inteligente. La primera es simplemente conectando el smartphone al puerto USB de un ordenador y enviando su contenido al ordenador.

Hacia un PC Windows (Android)
Con Android, no se requiere ningún software específico. Pero tienes que conocer la estructura del árbol androide.

Conecta el smartphone con un cable USB y desbloquea su pantalla. Deberías ver que aparece en Windows:

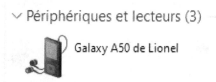

Figura 112: En "Este PC", aparece el dispositivo. El icono del walkman no es muy representativo de un smartphone.

Haga doble clic en el icono para ver su(s) espacio(s) de almacenamiento.

Figura 113: Dos volúmenes, uno para la tarjeta SD y otro para la memoria interna del teléfono.

Para los dispositivos Android que tienen una tarjeta de memoria extraíble, hay dos volúmenes de almacenamiento. Tienes que saber dónde buscar tus archivos.

Las fotos y los videos tomados con la aplicación "Cámara" pueden estar en:

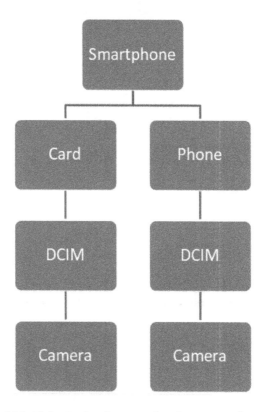

Figura 114: Principales lugares de almacenamiento de fotos y vídeos

Pero ten en cuenta que hay imágenes en otros directorios, por ejemplo, WhatsApp.

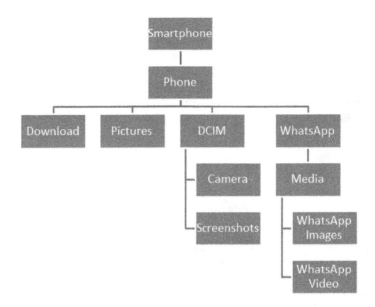

Figura 115: Otras localizaciones de fotos y vídeos en Android

Luego, puedes simplemente arrastrar y soltar archivos desde tu smartphone a tu ordenador en Windows.

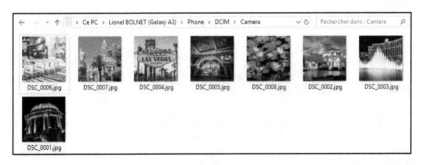

Figura 116: Contenido del teléfono inteligente Android visto desde Windows

Hacia un PC Windows (iOS)

En el iOS, para las fotos y los videos, no se requiere ningún software específico. Pero necesitas saber la estructura del árbol del iOS.

Conecta el smartphone con un cable USB y desbloquea su pantalla. Debería ver que esto aparece en Windows:

∨ Périphériques et lecteurs (3)

Apple iPhone

Figura 117: En "Este PC" aparece el iPhone o el iPad. El icono no es muy representativo.

Haga doble clic en el icono para ver su espacio de almacenamiento.

Internal Storage

66,8 Go libres sur 119 Go

Figura 118: En el iOS, el espacio de almacenamiento se llama Almacenamiento Interno

Haga doble clic para entrar en el espacio para ver las carpetas de fotos y vídeos. A diferencia de Android, hay menos carpetas:

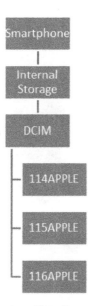

Figura 119: Las fotos y los videos están en carpetas con nombres que terminan en APPLE

Luego, puedes simplemente arrastrar y soltar archivos desde tu smartphone a tu ordenador en Windows.

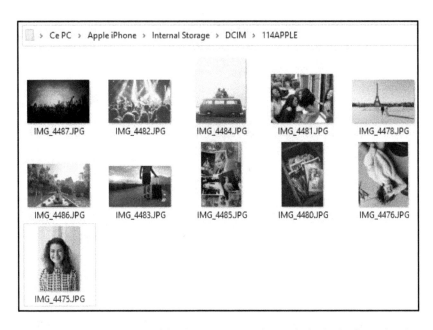

Figura 120: Contenido de un smartphone bajo iOS visto desde Windows

Hacia la nube

El segundo método para hacer una copia de seguridad de un smartphone es instalar una aplicación de sincronización en la nube como OneDrive, Google Drive o muchos otros. Este concepto ya se ha tratado en el capítulo sobre la centralización.

Hacia un NAS

El tercer método es instalar una aplicación de sincronización de NAS como la aplicación SyncMe Wireless. Tenga cuidado, con SyncMe Wireless, debe estar en la misma red que el NAS por lo que no es posible hacer una copia de seguridad de su dispositivo fuera de su casa, en teoría.

Afortunadamente, el proveedor de NAS ofrece una solución patentada, por ejemplo, Synology ofrece la aplicación DS File, y

Western Digital ofrece la aplicación My Cloud Home. Con estas aplicaciones, puedes hacer una copia de seguridad de tus fotos y vídeos incluso cuando estás fuera de casa. Esta es una imitación perfecta de las aplicaciones de la Nube.

📖 💻 🔊■ *el capítulo de Herramientas, se proporciona un tutorial de SyncMe Wireless.*

Figura 121: Capturando mi casa nube en el Play Store

Figura 122: Capturando la aplicación DS FILE en la Play Store

Hacia une memoria USB

Finalmente, desde hace unos años, ha habido una forma de hacer una copia de seguridad de un smartphone sin ordenador, sin NAS y sin nube: el USB OTG (On-the-go). Esta es una característica que desafortunadamente no está disponible en todos los dispositivos. Necesitas un modelo muy reciente para beneficiarte de él: el puerto USB de tu smartphone puede entonces aceptar intercambiar archivos con memorias USB.

Figura 123: Memoria USB para el smartphone

Al conectar una unidad flash USB a un teléfono inteligente, el principio es poder recuperar fácilmente su contenido y mantenerlo en un lugar seguro. Para comprar una memoria USB compatible con los smartphones, se requiere un ejercicio de verificación de pequeño formato. Hoy en día, hay tres tipos de conexión para los smartphones: USB micro B, USB-C y el puerto Lightning en los iPhones.

Lightning for
iPhone SE/6/6s
/6plus/6s plus/
5/5c/5s
iPad 4 retina
iPad Air / Mini

Type-C for
Latest Macbook,
OnePlus 2, Pixel C,
Nexus 5X/6P,
Nokia N1 tablet,
Lumia 950, Lumia 950XL
and other devices with Type C connector

Micro USB for
Most Android phones
& Tablets
Bluetooth headset
External batteries
and more

USB Connector

Figura 124: Tres tipos de conexión para el smartphone + el puerto USB normal

Por lo tanto, elija cuidadosamente la unidad flash USB adecuada para su dispositivo, ¡o bien opte por los modelos de cuatro cabezas en conjunto!

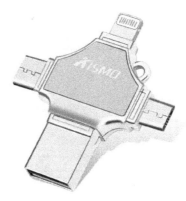

Figura 125: ¡Lápiz USB compatible con todo!

También es posible poner un adaptador entre una memoria USB "normal" y tu smartphone:

Figura 126: Unidad flash USB o disco duro externo a los adaptadores para Smartphone

Luego usa la aplicación del navegador de archivos de tu smartphone para copiar y pegar archivos en la unidad flash

USB. En Samsung, por ejemplo, la aplicación se llama "Mis Archivos".

Figura 127: En Samsung, use la aplicación Mis Archivos para copiar archivos de la unidad flash USB del smartphone

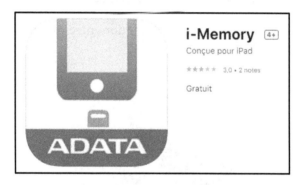

Figura 128: En el iOS, la aplicación i-Memory permite copiar archivos a una memoria USB Lightning.

Recuerda que ya no necesitas un ordenador para copiar archivos de un smartphone a una memoria USB. Esta es una buena noticia para la generación de los "smartphones", que se está alejando gradualmente de los ordenadores tradicionales.

Copia de seguridad de una tableta

Los modos de respaldo de una tableta son idénticos a los de un smartphone:

- Nube,
- NAS,
- Memoria USB OTG
- PC.

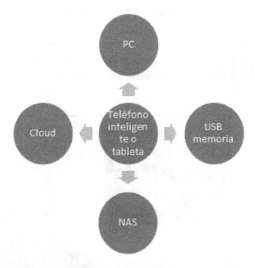

Figura 129: Asegúrate de hacer una copia de seguridad de los archivos de tu tableta y tu smartphone de alguna manera

Copia de seguridad de un ordenador personal

Sólo hay tres métodos verdaderamente fiables para hacer copias de seguridad de archivos en un ordenador personal.

El primero implica un servicio de nubes como se mencionó en el capítulo anterior.

La segunda implica la sincronización con un NAS. Esto también se examina en el capítulo anterior.

El tercer método para hacer una copia de seguridad de un ordenador es simplemente el disco duro externo o SSD. Con la ayuda de un software de sincronización, el disco duro externo puede obtener con éxito exactamente los mismos archivos que la computadora. En el capítulo Herramientas, encontrará un tutorial para aprender a usar FreeFileSync. Este software evalúa las diferencias entre dos dispositivos para copiar sólo lo que ha cambiado desde la última copia de seguridad.

También es posible establecer un sistema de respaldo recurrente siempre y cuando el disco externo se deje conectado en todo momento. Esto es especialmente válido para las computadoras de escritorio.

Figura 130: Parece un NAS, pero es sólo un disco duro externo conectado 24 horas al día, vía USB, a un PC.

Por convención, aquí está la estructura de archivos que debe ser creada en un disco duro externo o SSD:

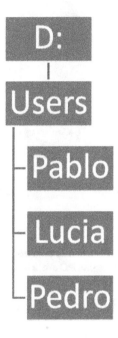

Figura 131: Normalmente, en el disco duro externo, hay que crear una carpeta de Usuarios y en ella una carpeta por persona. Esta es una convención común.

Luego, almacene el disco duro externo o SSD en un lugar seguro o déjelo conectado en casa. Pero debes evitar salir de casa con él, para evitar su pérdida o robo.

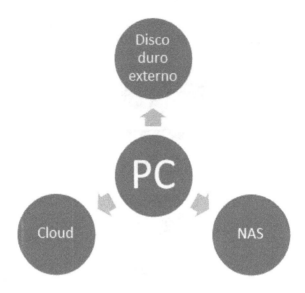

Figura 132: Asegúrate de hacer una copia de seguridad de los archivos de tu PC de alguna manera

Copia de seguridad de cámaras o tarjetas de memoria

Obviamente una cámara necesita ser respaldada. Hay unas tres maneras.

El primer y más común método es retirar la tarjeta de memoria de la cámara e insertarla en un ordenador. Este método requiere una computadora con una ranura para tarjetas de memoria, lo cual es muy común. Luego simplemente copie y pegue los archivos con el sistema operativo de la computadora.

La segunda forma es simplemente conectar la cámara a un ordenador a través de un cable USB. Después, simplemente copie y pegue los archivos con el sistema operativo del ordenador.

En los métodos descritos anteriormente, el punto en común es que es necesario estar cerca de una computadora para realizar la copia de seguridad. Esto es restrictivo y arriesgado porque, si esperas, por ejemplo, hasta el final de un largo viaje para guardar tus fotos, corres el riesgo de perderlas antes de la vuelta (robo de la cámara, rotura...). Afortunadamente, los fabricantes han reaccionado. Empezamos a ver en las tiendas, discos duros de copia de seguridad inalámbricos, destinados a los fotógrafos en un viaje. El Western Digital SSD My Passport Wireless, por ejemplo, es un SSD externo con su propia batería. Te permite hacer una copia de seguridad de tus fotos incluso en la naturaleza. El precio es bastante alto: alrededor de 300 euros.

Figura 133: El Western Digital My Passport es el disco duro del reportero gráfico

Este tipo de cámara recupera las fotos ya sea por cable USB, insertando directamente una tarjeta SD o por señal WiFi. El fotógrafo se queda así con dos medios de almacenamiento para sus fotos. De vuelta a casa, tendrá que volcar sus fotos en un ordenador, un NAS o una nube.

Figura 134: Asegúrese de respaldar el contenido de su cámara

Copia de seguridad del NAS

El NAS es un medio de respaldo siempre y cuando los archivos que se le confían existan en otros medios. Si su NAS contiene archivos que no existen en otros lugares, entonces no tiene capacidad de respaldo. Hay varios métodos para respaldar la NAS.

Figura 135: Pantalla de configuración de copias de seguridad de Synology NAS

Hacia un disco duro externo (USB local)

El método más simple es conectar el NAS a un disco duro externo con un cable USB y luego programar una copia completa de su contenido a la unidad externa una vez al día. En la parte trasera de las cajas de los NAS, siempre hay uno o más puertos USB. Estos pueden ser usados para extraer los datos del NAS a un disco duro externo para hacer una copia de seguridad. Si el NAS falla permanentemente, el pequeño disco duro externo conectado a él tiene una buena oportunidad de guardar sus datos. Sin embargo, este método es impotente contra el fuego, los cortes de energía, y cualquier forma de desastre que pudiera afectar a la NAS.

Los que tienen un sótano lejos de su casa también pueden hacer copias de seguridad mensuales de su NAS y mantener la unidad externa en un lugar seguro en su sótano, lejos de los ladrones (a menos que haya un robo en el sótano) y del fuego.

Para beneficiarse de la copia de seguridad en un medio que es verdaderamente remoto desde el host del NAS, necesita considerar los métodos ofrecidos por el vendedor del NAS.

Hacia un otro NAS

La mayoría de los editores ofrecen exportar los datos del NAS a otro NAS de la misma marca ubicado en otro lugar del mundo. Por ejemplo, si tienes una familia con una residencia principal y otra secundaria, puedes simplemente instalar dos NAS, uno en cada casa, y luego hacer que el NAS de la residencia principal se copie a sí mismo cada noche al NAS de la residencia secundaria. Esto se llama respaldo "NAS to NAS". ¡Todavía necesitas tener los medios financieros para tener dos casas, dos suscripciones a Internet y dos NAS!

Figura 136: Ilustración del respaldo de un NAS con otro NAS

Hacia la nube

Otro método propuesto por los fabricantes de NAS es hacer una copia de seguridad de los datos en un servicio de almacenamiento en línea. En este caso, la proximidad y la velocidad de la NAS se combinan con la resistencia a la intemperie de la nube. Sin embargo, tenga cuidado con el gasto que implica esta configuración: el costo mensual de la nube.

La compañía Synology ofrece una oferta de Nube NAS llamada "Synology Cloud[2]". Otra compañía llamada ElephantDrive es la especialista en el género. Ofrece hacer una copia de seguridad de su NAS a distancia por 10 dólares al mes.

Estos servicios se llaman "soluciones híbridas" porque combinan los beneficios de la NAS y la nube.

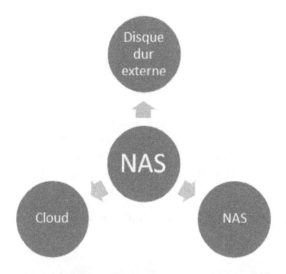

Figura 137: Un NAS puede ser respaldado en otro NAS, en la nube, o simplemente en un disco duro externo

Recuerde que, si su NAS sólo contiene copias de archivos de otros dispositivos, obviamente, no tiene sentido hacer una copia de seguridad.

¿Copia de seguridad de la nube?

No se puede, en sentido estricto, "hacer copias de seguridad de la nube". No es tu trabajo hacerlo. Es la empresa que te ofrece el servicio de hacer copias de seguridad de la nube (por ejemplo, Google, Microsoft o Dropbox).

Por otra parte, se recomienda encarecidamente que guardes una copia de los archivos que has confiado a tu anfitrión de la nube. ¿Por qué deberías guardar una copia? Es preferible tener una versión actualizada de todos los archivos que tienes en una nube para evitar las siguientes eventualidades:

- Eliminación voluntaria o accidental **de** sus archivos por parte del anfitrión,
- **La interrupción de la red** en casa, impidiendo el acceso a la nube,
- **Termina** tu suscripción a la Nube,
- La bancarrota **del** proveedor de alojamiento, que resultó en un repentino cierre del servicio,
- Un repentino **cambio de precio** que te obliga a pagar para ver tus archivos en la Nube.

Esta precaución de poder acceder a sus archivos sin la Nube se llama reversibilidad.

Figura 138: Cualquiera que sea el dispositivo, mantenga una copia reciente de sus archivos de la Nube: disco duro externo, smartphone, PC, memoria USB, NAS, ...

Respaldo cálido y respaldo frío

Los archivos que consulta y modifica durante todo el año se almacenan principalmente en su ordenador: son los originales de su patrimonio digital. Ellos "viven": están constantemente siendo modificados, eliminados y añadidos. Por lo tanto, pueden considerarse "calientes".

Si utiliza una solución de copia de seguridad en línea, es decir, disponible en cualquier momento, a través de la red informática a la que está conectado su ordenador, puede configurar una frecuencia de actualización de la copia de seguridad bastante alta (una vez al día, una vez por hora o incluso en tiempo real). Esta copia de seguridad, que sigue de cerca las variaciones de los archivos originales, puede describirse como "tibios". Los archivos tibios son, en pocos minutos u horas, réplicas idénticas de los archivos calientes.

Por otra parte, si utiliza una solución de respaldo fuera de línea, es decir, no conectada a su red de computadoras, este respaldo puede describirse como "frío".

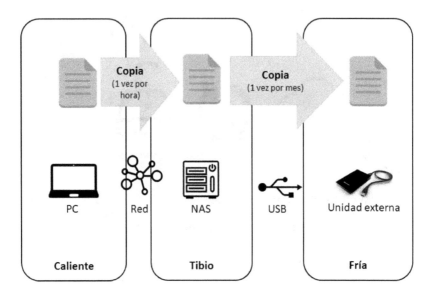

Figura 139: Doble seguridad: tibio y frío

La principal ventaja de la copia de seguridad en frío es que no puede ser infectada por un virus ya que no está conectada a la red. Pero hay otra ventaja: si cometes un error grave, el respaldo caliente puede ser impactado unos minutos después pero no el respaldo frío. Lleva su nombre de frío: el medio no está conectado eléctricamente excepto en el momento de las copias de seguridad.

Por ejemplo, puedes tener un respaldo caliente cada hora y uno frío cada mes. De esta manera todos sus archivos existirán por triplicado. Esto es más prudente.

Síntesis

Guardar un archivo es duplicarlo en un segundo medio. Para cada tipo de dispositivo, hay soluciones que son más adecuadas que otras.

Teléfonos inteligentes, tabletas, ordenadores, memorias USB, tarjetas de memoria, cámaras, Cloud, NAS, discos duros externos son algunos de los dispositivos digitales de nuestro tiempo. Gracias a varias tecnologías alámbricas e inalámbricas, es fácil copiar archivos de uno a otro. Así que no dudes en tener duplicados de todos tus archivos.

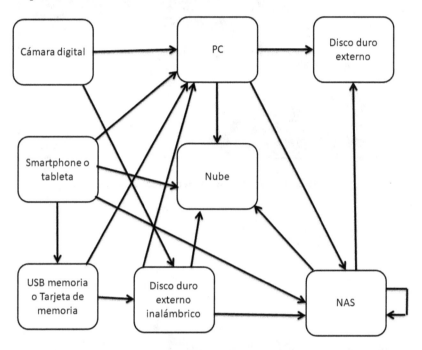

Figura 140: Cada flecha muestra los dispositivos ideales para guardar otra

Anécdota

El 31 de marzo es el Día Mundial del Backup cada año. Es un día inventado para concienciar sobre la realización de copias de seguridad de los archivos. Un sitio web dedicado nos recuerda que el 30% de la gente nunca ha hecho una copia de seguridad de su vida y que 113 teléfonos inteligentes se pierden o son robados cada minuto, en todo el mundo!

Figura 141http://www.worldbackupday.com

Contraseñas

El desorden digital no se trata sólo de archivos y aplicaciones. Otra forma de montaña digital ha estado cayendo sobre nuestras cabezas durante los últimos veinte años: ¡contraseñas! Todas las páginas web nos piden que memoricemos una.

¿Cómo memorizo mis contraseñas?
¿Es seguro escribirlas en un papel?
¿Es seguro escribirlas en un archivo de Excel?

Qué no hacer

Por supuesto, las contraseñas no deben escribirse en un papel, ya sea en el trabajo o en casa. En caso de robo, el ladrón podría entrar en su banco y hacer una transferencia, por ejemplo.

Tampoco es necesario tener un archivo de Excel que contenga sus contraseñas, de lo contrario en caso de robo del ordenador, una persona sabrá inmediatamente cómo conectarse a sus cuentas bancarias, PayPal, cuenta de Facebook, impuestos, seguros...

Mis
contraseñas.xlsx
Figura 142: Qué no hacer

La primera solución para guardar sus contraseñas de forma segura es obvia, pero se hace difícil hoy en día: memorizar todas sus contraseñas en su cabeza.

Figura 143: Estamos abrumados con las contraseñas

Es necesario tener una contraseña **diferente** para cada empresa, porque en caso de robo de datos en la empresa X, ¡su contraseña será inevitablemente probada por los hackers de todas las demás empresas conocidas! Si su contraseña de PayPal es la misma que la de Hippopotamus.co.uk, entonces está haciendo un gran regalo al ladrón de datos que atacará los servidores de Hippopotamus por adelantado.

KeePass

Segunda solución: la contraseña segura. Es un archivo encriptado que sólo se abre si conoces tu contraseña. Dentro de ella puedes escribir libremente todas tus otras contraseñas.

Figura 144: La bóveda de contraseñas le permite recordar sólo una

La más famosa de estas herramientas es el KeePass. Puede descargarse de https://keepass.fr/.

Después de instalar este software en su computadora, láncelo y vaya a "Archivo" y luego a "Nuevo" para crear su primera base de datos de contraseñas.

Figura 145: Creación de una contraseña básica

Elija un nombre para su base de datos de contraseñas, y luego elija la contraseña que la bloquee. Ten cuidado: nadie podrá ayudarte a recordarlo. Nunca lo olvides.

Guarda este archivo.

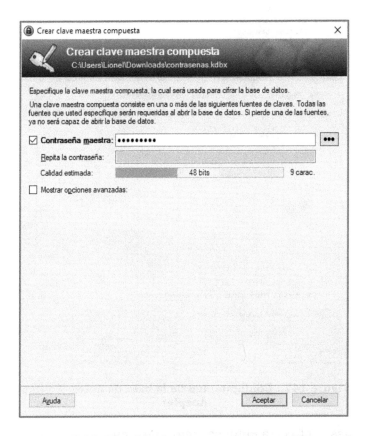

Figura 146: Elección de la contraseña para bloquear la estación base

Figure 147 : Configuracion de la base de datos. No importa. Aceptar.

KeePass le ofrecerá entonces imprimir una hoja de respaldo, es decir, una hoja en la que se imprimirá su contraseña. No lo hagas.

Ahí es donde se crea la base de datos de contraseñas. Empieza a rellenarlo pulsando el botón 🔧.

Figura 148: Rellena toda la información que tengas

No te olvides de registrar regularmente tu caja fuerte con el botón 🖫.

Puede, en cualquier momento, consultar la lista de sus cuentas:

Figura 149: Lista de contraseñas

Para copiar una contraseña sin mirarla, sólo tienes que hacer clic con el botón derecho del ratón, así:

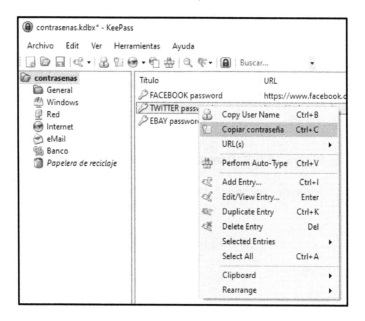

Figura 150: Copia discreta de la contraseña

Para ver la contraseña, haga doble clic en la línea
correspondiente y pulse el botón "..."

Figura 151: La contraseña está escrita en palabras

Si cierras el KeePass, ya nadie puede leer tus contraseñas. El
archivo es absolutamente ilegible en el Bloc de Notas.

Figura 152: El archivo KDBX generado por KeePass es ilegible si no sabes tu contraseña

Figura 153: Cuadro de diálogo para abrir el archivo KDBX

Hasta cierto punto, este archivo es valioso y está ampliamente disponible. Siéntete libre de tratarlo como un archivo normal: llévalo contigo a tu smartphone o a la oficina. Si le roban su smartphone, es poco probable que el ladrón pueda leer su contenido.

Figura 154: KeePassDroid en Android

Figura 155: MiniKeePass para iOS

Combine el poder de SyncMe Wireless con la seguridad de KeePassDroid, por ejemplo, para obtener una caja fuerte de contraseñas siempre actualizadas de su NAS en su smartphone.

También puedes enviar tu KeePass seguro desde tu PC a tu smartphone por e-mail o cable USB.

No más preocupaciones sobre "¿Cuál puede ser mi contraseña en este sitio web?" Dibuja tu smartphone, lanza la aplicación KeePassDroid o MiniKeePass, introduce tu contraseña única y elige la que buscas.

Si tu smartphone está equipado con un sensor de huellas dactilares, puedes incluso abrir tu caja fuerte KeePass sin introducir la contraseña.

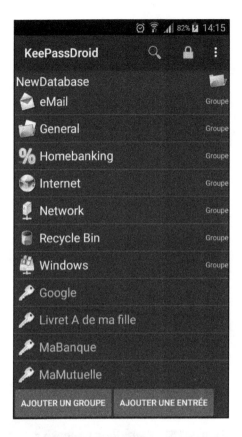

Figura 156: Interfaz en Android

Google Passwords

¡Aquellos que usan Chrome en PCs o smartphones se sorprenderán al saber que muchas de sus contraseñas son guardadas por Google! Echa un vistazo a este sitio:

https://passwords.google.com/

Accede con tus credenciales de Google.

Figura 157: Pantalla de acceso a Google

Y verás con qué cuidado Chrome ha almacenado todas tus contraseñas en los servidores de Google.

No te sorprendas: Google guarda tus contraseñas en su nube segura gracias a tus entradas de Chrome. Si este mecanismo te asusta, puedes deshabilitarlo en la configuración de Chrome y borrar todas las contraseñas en Google Passwords.

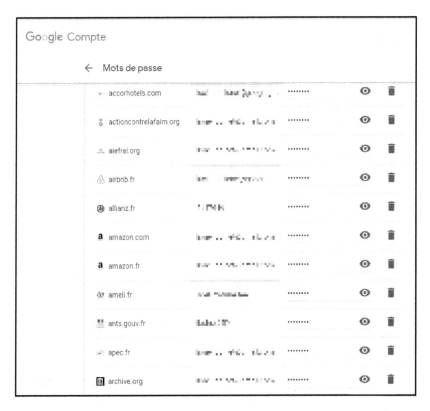

Figura 158: Lista de sus contraseñas en Google

Para verlos, haz clic en el icono del ojo.

Figura 159: Ejemplo de una contraseña revelada

Herramientas

En los capítulos anteriores, se mencionaron varias herramientas que funcionan en PC o teléfonos inteligentes. Este capítulo los revisará.

Todos estos programas son para Android o Windows.

MP3tag

https://www.mp3tag.de/en/

Es un programa que permite enriquecer los atributos de los archivos de música MP3. Mucho mejor que el Explorador de Windows, permite ver y modificar las propiedades de los archivos mp3. Una de sus interesantes funciones es la herramienta de renombramiento que permite nombrar un archivo mp3 basándose en sus atributos "nombre del intérprete" y "título".

Para ello, inicia la aplicación, coloca los archivos de música en ella, luego ve al menú "Convertidor" y luego "Etiqueta -> Nombre del archivo".

174

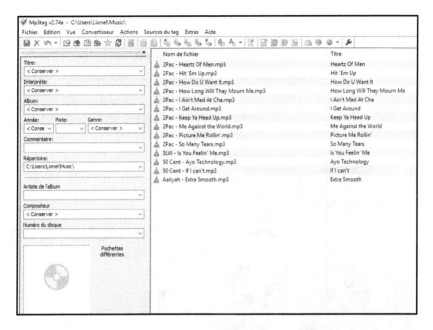

Figura 160: Pantalla general de MP3tag

Asegúrate de que el formato es %artista% - %título% y luego haz clic en OK.

Figura 161: Cuadro de diálogo de renombramiento de archivos

MP4tag también es útil para rellenar los atributos de los archivos mp3, incluyendo las ilustraciones de los álbumes. Esto se hace usando el lado izquierdo del software.

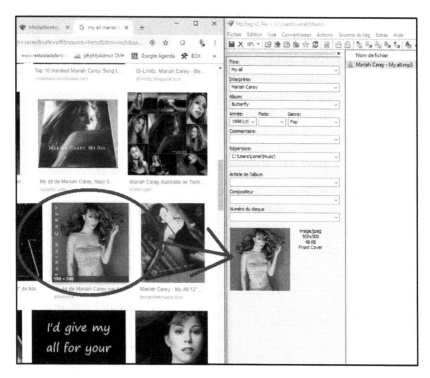

Figura 162: Arrastrar una imagen a un reproductor de MP3

Para elegir una portada, simplemente busca el nombre del álbum en Google, ve a los resultados de "Imágenes de Google" y luego arrastra la imagen de tu elección al pequeño marco de MP3tag.

DupeGuru

https://dupeguru.voltaicideas.net/

Este software permite duplicar archivos: escanea una o más carpetas de su ordenador y compara su contenido para indicar cuáles existen además de una copia. Luego propone eliminarlos.

Figura 163: Empiece indicando el registro a comprobar

Haga clic en el botón "+" para añadir una o más carpetas para navegar. Después de hacer clic en el botón "Scan", aparece la lista de archivos duplicados.

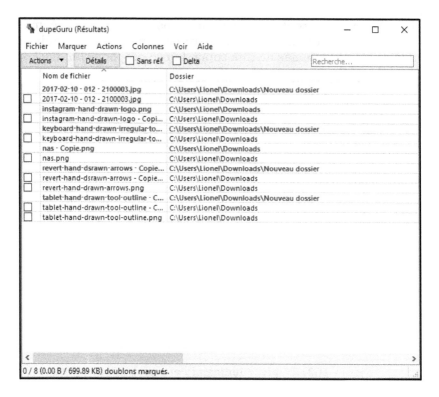

Figura 164: Lista de duplicados

Entonces depende de ti decidir si los borras o no. DupeGuru entonces borrará todas las copias excepto una de cada archivo para que todas sean únicas.

FreeFileSync

https://freefilesync.org/

Es un software gratuito que se utiliza para sincronizar archivos en dos carpetas. La fama de FreeFileSync radica en su fiabilidad y facilidad de uso.

Tenga mucho cuidado al configurar esta herramienta: piense cuidadosamente en la dirección en la que se va a realizar la sincronización y elija bien el modo de los repertorios de supresión.

En el sitio web oficial de FreeFileSync, descargue el archivo ejecutable FreeFileSync_x.x_Windows_Setup.exe y, a continuación, realice los siguientes pasos para configurar la sincronización de un equipo con Windows.

Crea una carpeta de sincro en tu PC. C:/SYNCHRO.

Instala el archivo FreeFileSync_x.x_Windows_Setup.exe.

Crear una carpeta de versionado en el NAS. La carpeta de versioning es el directorio donde se almacenan todas las versiones antiguas de un archivo o incluso los archivos que se han eliminado de su ordenador. Es como una especie de "Papelera de reciclaje". Lo mejor es crearlo con el comando del MS-DOS "mkdir" y darle un nombre que comience con un "punto". Debería haber una carpeta de versionado por cada carpeta compartida.

Por ejemplo:

```
Invite de commandes
Microsoft Windows [version 10.0.10586]
(c) 2015 Microsoft Corporation. Tous droits réservés.

C:\Users\Lionel>mkdir "\\WDMYCLOUDMIRROR\lionel\.Corbeille"
```

Figura 165: Carpeta de versiones

Así, se obtiene una carpeta oculta llamada ".Papelera".

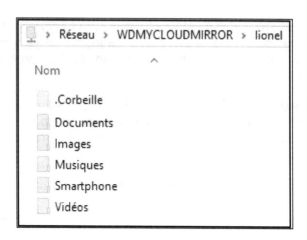

**Figura 166: Vista del Explorador de Windows (.Corbeille =
.Trash = .Version = .Papelera)**

Si el comando MS-DOS te asusta, puedes crear la carpeta
"Trash" sin el punto, usando el método habitual, pero entonces
la carpeta no se esconderá.

Inicie el programa FreeFileSync. Especifica los cuatro pares de
carpetas a sincronizar. (Si es necesario, crear manualmente en
el NAS las carpetas Imágenes, Documentos, Vídeos, Música). Por
ejemplo:

180

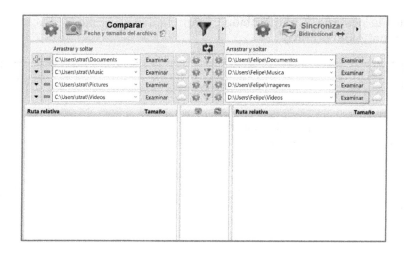

Figura 167: Los 4 pares de sincronización

Luego haga clic en la rueda de engranaje azul para continuar con la configuración.

En la pestaña "Comparación", manténgase en el modo "Fecha y tamaño del archivo".

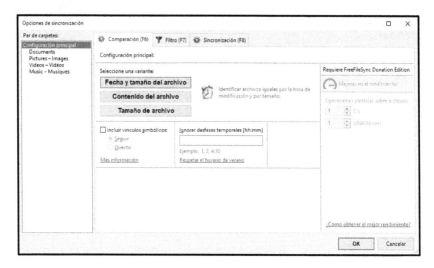

Figura 168: Configuración de comparación

En la pestaña "Sincronización", elija "Bidireccional" para la sincronización bidireccional o "Espejo" para la sincronización unidireccional. Elija un mecanismo de versionado de la marca de tiempo e ignore los errores.

Especifique la carpeta de almacenamiento de la versión creada anteriormente: ".Papelera".

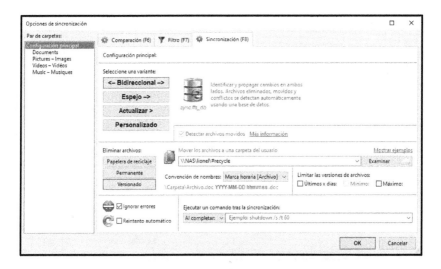

Figura 169: Configuración de la sincronización

A continuación, guarde el archivo de configuración de su configuración de sincronización como un:

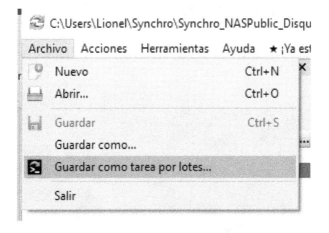

Figura 170: Hay que guardar come tarea por lotes

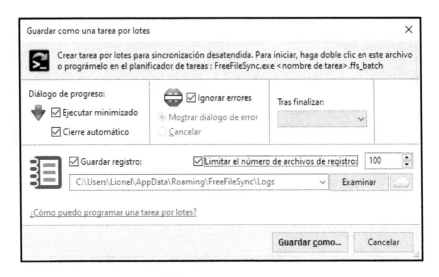

Figura 171: Cuadro de diálogo Guardar como archivo de comando

Marque las cinco casillas: "Ejecutar minimizado", "Cierre automático", "Ignorar errores", "Guardar registro" y "Limitar el número de archivos de registros".

Y guárdalo en la carpeta C:\SYNCHRO que creaste antes.

Figura 172: Guardar la configuración

Todo lo que queda por hacer es crear una tarea que lanzará la sincronización cada 30 minutos. Inicie el "Programador de Tareas" de Windows escribiendo "Tareas" en el menú de inicio de Windows.

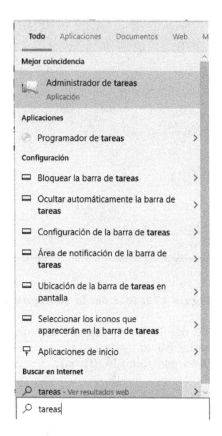

**Figura 173: Escribir tareas en Windows, abajo a la izquierda
de la pantalla**

Luego haga clic en "Crear tarea".

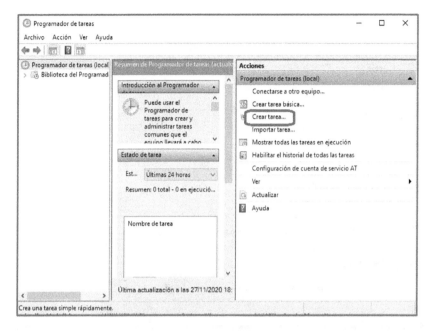

Figura 174: Pantalla de tareas programadas

Y darle un nombre como "SINCRO NAS":

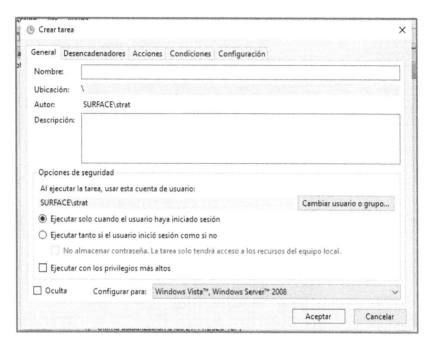

Figura 175: Ventana de configuración de tareas

Luego haga clic en la pestaña "Acciones" y haga clic en el botón "Nuevo..."

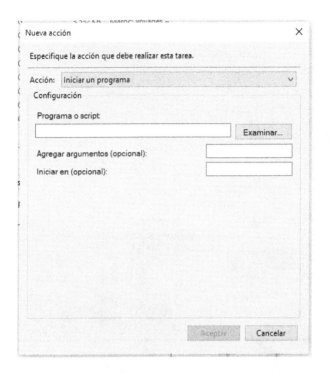

Figura 176: Modificación de la acción

En "Programa o script", introduzca:

"C:\Program Files\FreeFileSync\FreeFileSync.exe"

Y antes de "Agregar argumentos (opcional)", introduzca:

"C:\Synchro\SyncSettings.ffs_batch".

Haz clic en "Aceptar". Luego vaya al panel "desencadenador" y haga clic en "Nuevo..." y llene los campos como se muestra en el ejemplo a continuación:

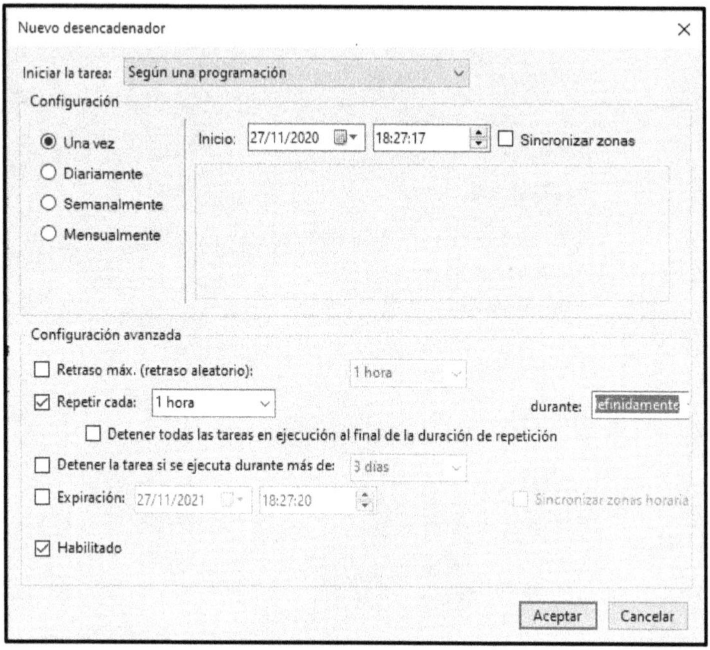

Figura 177: Cambiar el disparador. Suena extraño, pero desde Windows 10, tienes que establecer la tarea en "una vez" incluso para una tarea recurrente y repetir cada "1 hora" durante "Indefinidamente".

No elijas el mismo horario para todos los ordenadores de la familia para que el NAS no se sobrecargue de trabajo. Por ejemplo, establezca el tiempo de sincronización de un ordenador en xx:00, otro en xx:10, y otro en xx:20. Como la sincronización se repite cada 30 minutos, también estarán en xx:30, xx:40 y xx:50.

Rellene los campos como se muestra en la imagen de arriba.

Haz clic en OK. Haz clic en OK de nuevo.

Eso es todo. Se acabó.

A partir de ahora, cada 30 minutos, habrá un pequeño logo ☁en la barra de tareas (abajo a la derecha) indicando que la sincronización está en marcha.

Precaución: Tengan paciencia porque la primera sincronización puede tardar mucho tiempo: una hora, un día o incluso una semana. Todo depende de la cantidad de datos y de la velocidad de la conexión de la red (más lenta en Wifi).

Los informes de ejecución (también llamados logs) que explican lo que se ha sincronizado se encuentran en la carpeta C:/Users/<folder>/AppData/Roaming/FreeFileSync/Logs.

Nom	Modifié le	Type
SyncSettings 2020-11-27 193750.205.log	27/11/2020 19:37	Document texte
SyncSettings 2020-11-27 193753.863.log	27/11/2020 19:37	Document texte
SyncSettings 2020-11-27 193801.954.log	27/11/2020 19:38	Document texte
SyncSettings 2020-11-27 193942.129.log	27/11/2020 19:39	Document texte
SyncSettings 2020-11-27 193945.746.log	27/11/2020 19:39	Document texte
SyncSettings 2020-11-27 194037.490.log	27/11/2020 19:40	Document texte
SyncSettings 2020-11-27 194043.954.log	27/11/2020 19:40	Document texte
SyncSettings 2020-11-27 194110.348.log	27/11/2020 19:41	Document texte
SyncSettings 2020-11-27 194141.451.log	27/11/2020 19:41	Document texte
SyncSettings 2020-11-27 194238.204 [Atención].log	27/11/2020 19:42	Document texte
SyncSettings 2020-11-27 194418.444 [Detenido].log	27/11/2020 19:44	Document texte
SyncSettings 2020-11-27 194426.564 [Atención].log	27/11/2020 19:44	Document texte
SyncSettings 2020-11-27 194432.302 [Atención].log	27/11/2020 19:44	Document texte
SyncSettings 2020-11-27 194511.181 [Error].log	27/11/2020 19:45	Document texte

Figura 178: Logs de FreeFileSync

Se utiliza un informe de ejecución para indicar cómo se produjo cada sincronización. El archivo puede contener la palabra "Atencion" o "Error" en su nombre. Esto es una mala señal. En este caso, abra el archivo y lea la razón del problema. Por lo general, esto se debe a que uno de los dispositivos no estaba correctamente encendido o conectado a la red y, por lo tanto, la sincronización no podía llevarse a cabo normalmente.

MediaMonkey

https://www.mediamonkey.com

MediaMonkey es un software de reproducción de música muy efectivo. Es libre, rápido, completo y agradable de usar.

Después de instalar el software, lánzalo y luego agrega tu música a la Biblioteca siguiendo el paso siguiente:

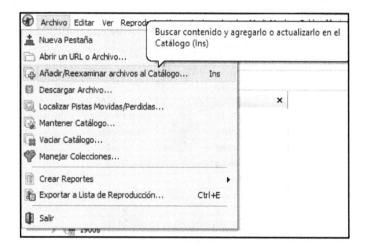

Figura 179: El menú "Añadir archivos"

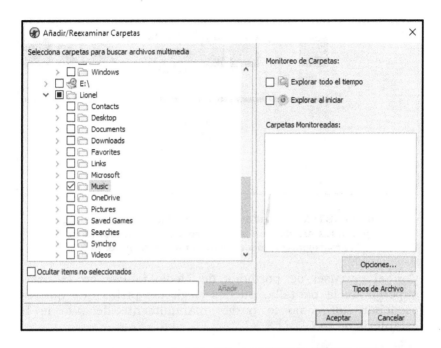

Figura 180: Seleccione la(s) carpeta(s) que contiene(n) su música

Ahora puedes ver todos tus MP3s en la interfaz principal.

Navega en el árbol de la izquierda, seleccionando artistas, álbumes, años o géneros.

Figura 181: Navegando a través de los álbumes de rap. Las portadas añaden un verdadero valor añadido: es la desmaterialización de sus CD de la A hacia la Z.

Con el carrusel de portadas de MediaMonkey en la parte superior de la pantalla, puedes elegir las pistas que quieres escuchar, tal como lo harías manualmente delante de la estantería de tu CD.

Figura 182: muebles viejos

WinX DVD Ripper

https://www.winxdvd.com/dvd-ripper-platinum/index-fr.htm

WinX DVD Ripper es un software de pago, capaz de extraer cualquier DVD de vídeo para convertirlo en un archivo de vídeo.

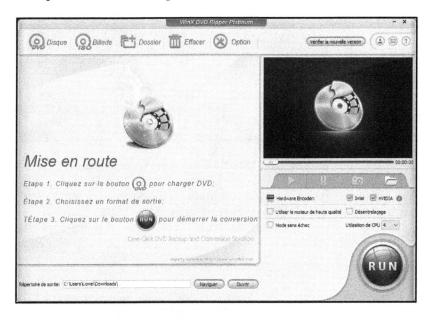

Figura 183: Pantalla principal de WinX DVD Ripper

Después de lanzar la aplicación WinX DVD Ripper, haga clic en el botón "Disco". Un cuadro de diálogo propondrá varios tipos de archivos de extracción. Elija el formato "MP4 Video".

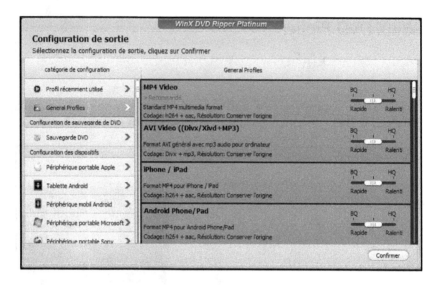

Figura 184: Elección del formato de salida

La siguiente pantalla muestra todo el material del DVD. Para una serie, probablemente encontrarás 3 o 4 secuencias de 45 minutos. En el caso de una película cinematográfica, seguramente reconocerá la película por la mayor duración de la secuencia.

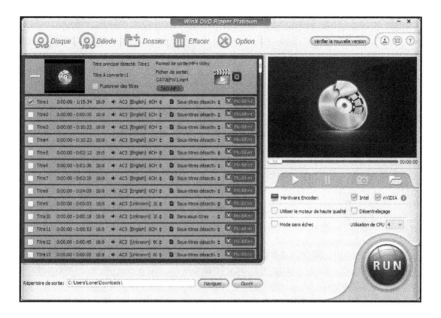

Figura 185: Lista de secuencias

Recuerda elegir un idioma y un subtítulo. A diferencia del DVD, el archivo MP4 que se producirá sólo tendrá un idioma y un subtítulo, así que elige bien tus opciones.

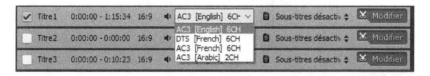

Figura 186: Elección del idioma

Todo lo que tienes que hacer es pulsar el gran botón "RUN". Llevará alrededor de media hora extraer la película. El archivo MP4 generado se encuentra en el directorio mencionado en la parte inferior de la ventana. El archivo MP4 es compatible con cualquier reproductor de hardware o software y tiene entre 650 megabytes y 1,7 gigabytes, dependiendo de la duración y la calidad de la imagen.

SyncMe Wireless

`https://play.google.com/store/apps/details?id=com.b v.wifisync`

SyncMe Wireless es una aplicación para Android que permite sincronizar carpetas de dos en dos: una en el smartphone y la otra accesible a través de una red local. Si tienes un NAS, SyncMe Wireless es la aplicación perfecta para eliminar la necesidad de un cable USB.

Tenga mucho cuidado al configurar esta herramienta: piense cuidadosamente en la dirección en la que se va a realizar la sincronización y elija bien el modo de los repertorios de supresión.

Después de instalar y configurar SyncMe Wireless, no serás una de esas personas que dicen: "Algún día tendré que hacer una copia de seguridad de lo que tengo en mi smartphone..."

Lanza la aplicación. El primer paso de la configuración es introducir el nombre del NAS o su IP, y su cuenta y contraseña para acceder al NAS. Esta es una información que ya deberías saber.

El segundo paso es añadir una sincronización entre dos carpetas. En el menú "Add sync folder", tendrás que elegir una "device folder", es decir, una carpeta existente en el smartphone. Entonces tendrás que elegir una "computer folder" que es una carpeta existente en el NAS. Muy importante: En "Programación" se elegirá la frecuencia en la que debe tener lugar la sincronización. Por ejemplo, la sincronización se puede hacer todos los días a la medianoche. En este momento, es muy probable que esté en casa, y también su smartphone.

Figura 187: Agregar el NAS

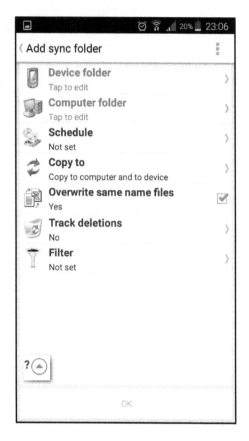

Figura 188: Página de configuración de la sincronización

También presta atención a los ajustes de "Copiar a" y "Rastrear eliminaciones".

"Copiar a" es el parámetro que le permitirá indicar la dirección y la naturaleza de la sincronización.

- Sincronización bidireccional,
- Copia el smartphone al NAS,
- Copia el NAS al smartphone,

- Mover el archivo del teléfono inteligente al NAS,
- Mueve el archivo del NAS al smartphone.

No se recomienda sincronizar con los modos de "viaje". La copia deja más espacio para los refuerzos en caso de un incidente.

La opción "Rastrear eliminaciones" es la que permite elegir la política de eliminación de archivos que se aplicará. Dos comportamientos son posibles:

- No transmita las eliminaciones. Es una opción que juega la carta de la prudencia. Una vez que se ha sincronizado un archivo, es permanente, aunque se elimine en la carpeta de origen.
- Borrado de espejos. Con esta opción, la carpeta B elimina todos los archivos que no existen o que ya no existen en la carpeta A.

Por ejemplo, para transmitir su colección de MP3 del NAS a su smartphone todos los días a la 1:00 am, elija las siguientes opciones:

Device folder = La carpeta donde se almacenan los MP3 en el smartphone.

Computer folder = La carpeta donde se almacenan los MP3 en el NAS.

Schedule = "Run at 01:00".

Copy to = "Copy to device only".

Track deletions = "Mirror" (Cuando se borra un MP3 de tu NAS, también se borra de tu smartphone).

Como segundo ejemplo, para enviar todas las fotos y videos que ha tomado durante el día a su NAS, configure de la siguiente manera:

Device folder = La carpeta donde se almacenan las fotos y los vídeos en el smartphone.

Computer folder = Una carpeta dedicada a las copias de seguridad de las fotos en su NAS.

Schedule = "Run at 23:00".

Copy to = "Copy to computer only".

Track deletions = "No". Incluso si borra las fotos de su smartphone para hacer espacio, las fotos que ya han sido guardadas en el NAS se quedarán ahí.

En ambos casos de uso, si no está en casa en el momento de la sincronización, ésta caerá en error y mostrará una pequeña notificación. Empezará de nuevo al día siguiente.

La pantalla principal de la aplicación SyncMe Wireless muestra todas las sincronizaciones, con la fecha y la hora de la última sincronización y el número de archivos borrados (rojo) o añadidos (azul) debajo de cada sincronización.

El botón "Sync all" en la parte inferior de la pantalla, le permite activar todas las sincronizaciones inmediatamente. Es casi mágico: en lugar de tener un ordenador y un cable USB, sólo tienes que tocar este botón "Sincronizar todo" e intercambiar múltiples archivos con tu NAS.

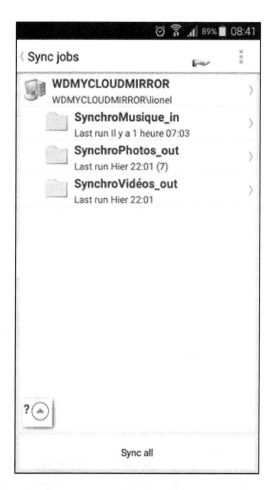

Figura 189: Pantalla general con todas las sincronizaciones configuradas

No duden en renombrar las sincronizaciones, para una mayor legibilidad, tocando el nombre de la sincronización, luego "Edit" luego " ⋮ " luego "Rename".

Ant Renamer

https://antp.be/software/renamer/fr

Ant Renamer es la referencia para el renombramiento de archivos grandes. Sus posibilidades son incontables.

El software tiene la forma de una interfaz muy sencilla en la que puedes poner archivos con sólo arrastrar y soltar.

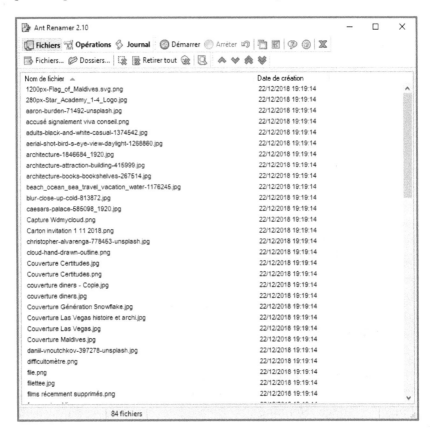

Figura 190: Pantalla principal de Ant Renamer

En la pestaña "Operaciones", puedes renombrar tus archivos de más de una docena de maneras. Tomemos un primer ejemplo. Queremos renombrar un gran número de fotos simplemente en base a la fecha y la hora del:

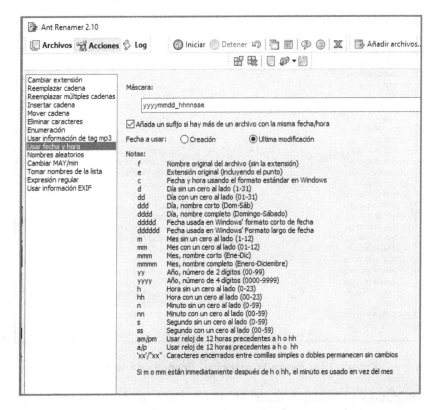

Figura 191: Usar fecha y hora

Después de hacer clic en "Inicio", obtenemos esto:

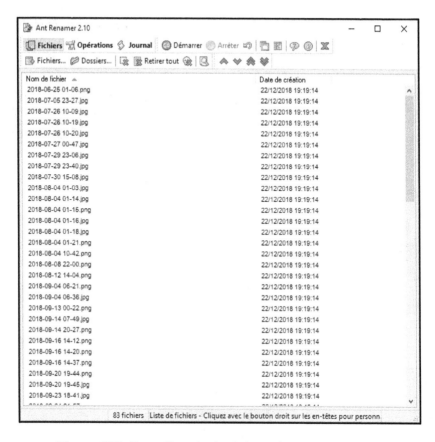

Figura 192: Pantalla principal después de la modificación

Segundo ejemplo: queremos añadir el nombre "Gran Cañón" delante de todas las fotos que tomamos allí. Vamos a la pestaña "Operaciones" y elegimos "Insertar cadena".

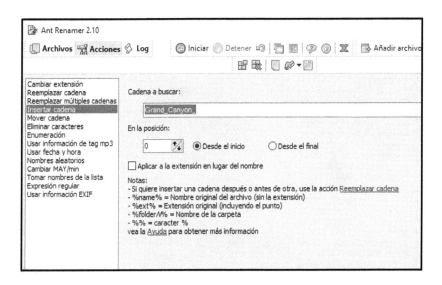

Figura 193:Insertar cadena

Introducimos la palabra "Grand_Canyon_" en el campo de la cadena a insertar, así como "En la posición 0" y desde el principio. Y el renombramiento está hecho.

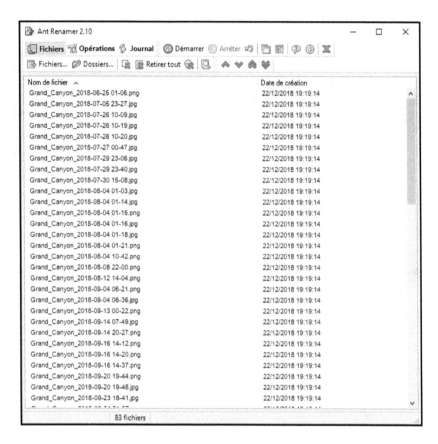

Figura 194: Volvamos a la pantalla principal por tercera vez

Para fotos de iPhones o cámaras digitales, puede ser interesante cambiar su nombre para usar la fecha de la toma en su lugar.

Tomemos por ejemplo estos 4 archivos de fotos tomadas por un iPhone:

Nom	Prise de vue
IMG_6016.JPEG	03/11/2020 08:39
IMG_5613.JPEG	29/08/2020 13:12
IMG_5214.JPEG	01/08/2020 16:09
IMG_5183.JPEG	01/08/2020 12:59

Figura 195: Su nombre es abstruso mientras que su fecha de rodaje se rellena.

Tienes que cambiar el nombre con la función "Usar Informacion EXIF" de Ant Renamer como se indica a continuación. Escriba %datetime%%ext% en el parámetro de la derecha.

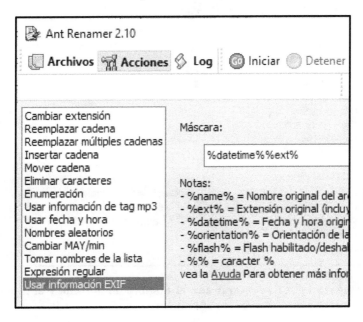

Figura 196: Función de renombramiento con fecha de disparo

Nom	Prise de vue
2020-11-03 08-39-33.JPG	03/11/2020 08:39
2020-08-29 13-12-22.JPG	29/08/2020 13:12
2020-08-01 16-09-59.JPG	01/08/2020 16:09
2020-08-01 12-59-38.JPG	01/08/2020 12:59

Figura 197: Archivos renombrados

También es posible añadir una descripción al final, por ejemplo:

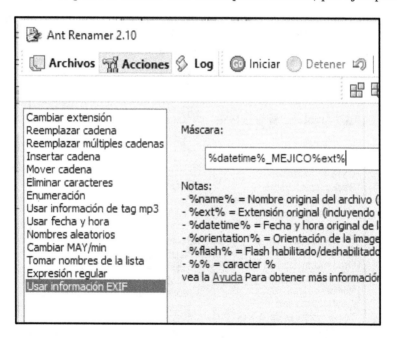

Figura 198: Renombrar con el nombre de la toma y el nombre del lugar

Mejor aún, puedes pedirle a Ant Renamer que añada el nombre de la carpeta al final del nombre del archivo. Esto le permite renombrar varios archivos ubicados en varias carpetas diferentes. Echa un vistazo a este ejemplo:

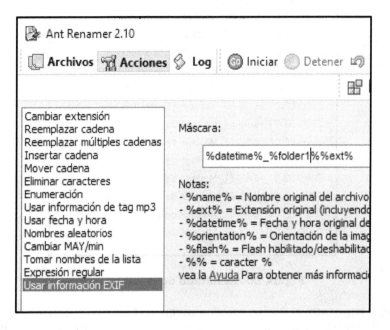

Figura 199: Cambio de nombre con el disparo y el nombre de la carpeta

```
Nom de fichier  ▲
2020-08-01 12-59-38_Voyage à Cuba.JPG
2020-08-01 16-09-59_Voyage à Cuba.JPG
2020-08-29 13-12-22_Naissance de Kévin.JPG
2020-11-03 08-39-33_Voyage à Cuba.JPG
2020-08-01 15-37-04_Mariage de Steve et Elsa.JPEG
2020-08-01 15-37-06_Voyage à Cuba.JPEG
2020-08-01 16-06-53_Voyage à Cuba.JPEG
2020-08-01 16-06-54_Mariage de Steve et Elsa.JPEG
2020-08-01 16-06-57_Mariage de Steve et Elsa.JPEG
2020-08-01 16-09-56_Mariage de Steve et Elsa.JPEG
2020-08-01 16-09-57_Mariage de Steve et Elsa.JPEG
2020-08-01 16-09-59_Mariage de Steve et Elsa.JPEG
2020-08-01 16-10-01_Mariage de Steve et Elsa.JPEG
2020-08-01 21-01-02_Mariage de Steve et Elsa.JPEG
```

Figura 200Resultado de la cuota anterior

Por supuesto, también puedes invertir el orden, si quieres, con %folder1%_%datetime%%ext% en lugar de %datetime%_%folder1%%ext%.

Nom de fichier ▼

Voyage à Cuba_2020-11-03 08-39-33.JPG

Voyage à Cuba_2020-08-01 16-09-59.JPG

Voyage à Cuba_2020-08-01 16-06-53.JPEG

Voyage à Cuba_2020-08-01 15-37-06.JPEG

Voyage à Cuba_2020-08-01 12-59-38.JPG

Naissance de Kévin_2020-08-29 13-12-22.JPG

Mariage de Steve et Elsa_2020-08-01 21-01-02.JPEG

Mariage de Steve et Elsa_2020-08-01 16-10-01.JPEG

Mariage de Steve et Elsa_2020-08-01 16-09-59.JPEG

Mariage de Steve et Elsa_2020-08-01 16-09-57.JPEG

Mariage de Steve et Elsa_2020-08-01 16-09-56.JPEG

Mariage de Steve et Elsa_2020-08-01 16-06-57.JPEG

Mariage de Steve et Elsa_2020-08-01 16-06-54.JPEG

Mariage de Steve et Elsa_2020-08-01 15-37-04.JPEG

Figura 201: Cambio de nombre al revés. Pero esto es menos recomendable para almacenar tus fotos. El orden cronológico es una regla común.

Ant Rename también ofrece:

- Para renombrar las extensiones de los archivos,
- Reemplazar una palabra por otra (útil si se ha escrito mal la misma palabra en cientos de archivos),
- Para borrar caracteres,
- Para hacer una lista de los archivos,
- Para elegir nombres al azar,
- Para poner todo en mayúsculas o minúsculas,
- y así sucesivamente

CDex

https://cdex.mu/

CDex es un programa gratuito muy conocido. Se usa para extraer música de un CD de audio.

Muy fácil de usar, sólo tienes que poner el CD de audio en la unidad de tu ordenador y luego usar el teclado para introducir el nombre del artista y los títulos de las canciones.

Ahora selecciona todas las piezas que quieras extraer y presiona F9. Entonces tienes que esperar un minuto por cada pieza.

Cada pieza de música produce un archivo MP3 ubicado en la carpeta "Música". Cámbiale el nombre y guárdalo en otro lugar si lo deseas.

Recuerde que está prohibido distribuir MP3s. Por respeto a los derechos de autor, tienes el derecho de copiar un CD siempre y cuando los MP3 permanezcan sólo en dispositivos que te pertenezcan.

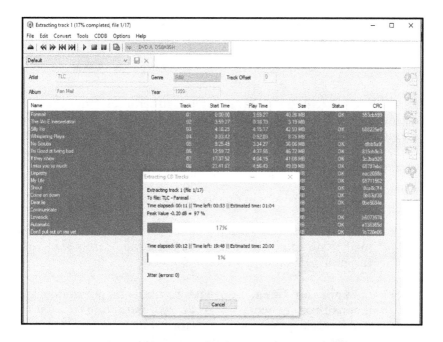

Figura 202: Extracción de música con CDex

Síntesis

Este libro ha tratado de ayudarte a superar el síndrome de acumulación digital. La montaña de archivos, aplicaciones, memorias USB, CD, DVD, discos externos, tarjetas SD, tabletas, smartphones que nos rodean ha terminado por asfixiar a quienes no han tomado las medidas adecuadas.

Hay tres áreas de presencia de sus archivos:

- La **zona fuera de línea** que se compone de todos los medios no comunicantes como cámaras, memorias USB, tarjetas de memoria y discos ópticos.

- La **zona en línea,** que está compuesta por todos los dispositivos conectados a la red pero que no están destinados a centralizar datos: teléfonos inteligentes, tabletas y computadoras personales. Estos son los dispositivos que tenemos delante de nosotros todo el día.

- Y finalmente, la **zona central** que está compuesta por medios como la nube o la NAS.

A lo largo de las páginas, hemos visto que el objetivo es confiar todos nuestros archivos a la zona central y vaciar la zona offline tanto como sea posible. La zona en línea necesita arbitrar entre el modo terminal y el modo sincronizado caso por caso, pero bajo ninguna circunstancia debe tener archivos no guardados.

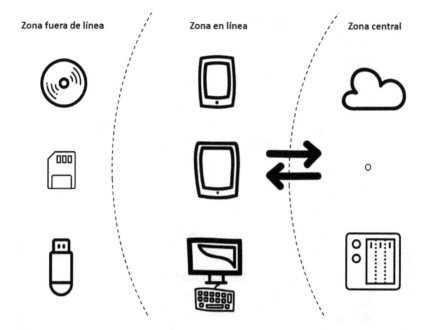

| Zona fuera de línea | Zona en línea | Zona central |

Figura 203: Tres áreas donde se encuentran sus archivos

No obstante, la creciente desafección de los usuarios por los archivos acabará por resolver el problema por sí solo. El archivo, un concepto demasiado técnico, está dando paso al vídeo a la carta o al streaming. Los MP3 han cedido el paso a Spotify, YouTube o Deezer. Los DVD y CD también han cedido.

Una estrecha relación entre el smartphone y la nube también llevó al PC al borde.

Sin embargo, los usuarios que siguen operando en modo de archivo pueden confiar en unos pocos reflejos y en varias herramientas para poner en orden su vida digital.

Sus archivos están organizados, ordenados, renombrados. Sus viejos medios de comunicación se han desmaterializado. Sus archivos adjuntos están archivados. Todo está centralizado en un dispositivo accesible en línea. Felicidades, has superado el desorden digital.

Los archivos están correctamente ordenados, nombrados y organizados

Superar el desorden digital

Los archivos están disponibles en línea incluso cuando no estoy en casa.

Los antiguos medios de comunicación se han desmaterializado

Figura 204: Superar el desorden numérico

Conclusión

El estilo de vida que hemos aprendido gradualmente a medida que crecemos nos anima a comer bien, a hacer deporte o a ordenar nuestra casa. Pero la tarea de ordenar nuestros archivos nos ha sido esquiva hasta ahora. Visto como una pérdida de tiempo, demuestra ser creativo y precisamente ahorra tiempo futuro al resaltar el tiempo pasado, los recuerdos agradables o desagradables, dando vueltas al capricho del 4G en un teléfono treinta años más joven que los archivos que muestra. Ha llegado el momento de la ubicuidad y la omnipresencia: todos los dispositivos que toco se convierten en lo mismo, porque, con una contraseña, el usuario que estoy siempre delante del mismo universo situado en una pequeña caja escondida en casa o en la inmensidad de grandes armarios celosamente custodiados por un anfitrión.

Los archivos son conocimiento, son ocio, placer, memoria, indispensables, administrativos, obligatorios, de rescate. Cada día, escriben una parte de nosotros, describen una parte de nosotros mismos.

Fuentes

Página de Wikipedia para "Archivo de ordenador
https://fr.wikipedia.org/wiki/Fichier_informatique

Página de Wikipedia para "Tarjeta perforada".
https://fr.wikipedia.org/wiki/Carte_perfor%C3%A9e

Página de Wikipedia para " Microsoft Word "
https://fr.wikipedia.org/wiki/Microsoft_Word

Página de Wikipedia de " Disco Duro "
https://fr.wikipedia.org/wiki/Disque_dur

Página de Wikipedia de " Disco flexible "
https://fr.wikipedia.org/wiki/Disquette

La página de Wikipedia del "Súper 8"
https://fr.wikipedia.org/wiki/Super_8

Iconos de ilustración
https://www.iconfinder.com

Iconos de ilustración
https://www.flaticon.com/

Fotos de ilustración
https://www.pexels.com

Artículo " Cómo organizar tu desordenado escritorio de Windows
(y mantenerlo así) "
https://www.howtogeek.com/362241/how-to-organize-your-messy-windows-desktop-and-keep-it-that-way/

Página de Wikipedia para "ID3 (metadatos MP3)".

https://fr.wikipedia.org/wiki/ID3_(m%C3%A9tadonn%C3%A9 es_MP3)

Página " St. Ghislain, Bélgica " de Google Data Centers
https://www.google.com/about/datacenters/inside/locations/ st-ghislain/

Foto de un centro de datos
https://www.businesswire.com/news/home/20190627005990 /en/NTT-Com-Develops-the-Largest-Data-Center-in-Indonesia

Sitio web del Destripador de DVD WinX Platinum
https://www.winxdvd.com

Artículo "Lista de los mejores programas de sincronización para Mac".
https://www.sync-mac.com/fr/list-of-mac-synchronization-software.html

Sitio de la unidad de la Amazonia
https://www.amazon.fr/clouddrive/home

El sitio web de Google Drive
https://drive.google.com/

El sitio web de OneDrive
https://onedrive.live.com/about/fr-fr/

Sitio web de Dropbox
https://www.dropbox.com/fr/

Sitio web de la nube SFR
https://www.sfrcloud.sfr.fr/

Respaldo para pequeñas empresas: dónde hacer una copia de seguridad de los datos" Artículo
https://www.novabackup.com/blog/small-business-where-to-backup-data

El sitio web de Western Digital
https://www.wd.com/fr-fr/products/portable-storage/my-passport-wireless-ssd.html

Libro " Haga una copia de seguridad de sus archivos " por Lionel Bolnet
http://www.lulu.com/shop/lionel-bolnet/sauvegarder-ses-fichiers/paperback/product-23225404.html

Sitio kevin-group.com
http://kevin-group.com/3-3ft-premium-quality-3-in-1-multiple-usb-charging-cable-with-8-pin-lighting-micro-usb-type-c-for-iphone-6s-6-6-plus-5-5s-5c-galaxy-s3-4-nexus-6p-more/

Libro "Cómo usar tu espejo de mi nube" por Lionel Bolnet
http://www.lulu.com/shop/lionel-bolnet/bien-utiliser-son-my-cloud-mirror/paperback/product-22948112.html

Artículo "1.000 mil millones de fotos fueron tomadas con teléfonos inteligentes".
https://fr.businessam.be/en-2017-1000-milliards-de-photos-ont-ete-prises-grace-aux-smartphones/#:~:text=R%C3%A9result%2C%20sp%C3%A8ce%20human%20a,take%205%20photos%20by%20day.

Artículo "Tesis de graduación: a una estudiante le roban su trabajo y pide ayuda".
https://mcetv.fr/mon-mag-campus/memoire-fin-etudes-etudiante-fait-voler-appelle-aide-2504/

Sitio web del Día Mundial del Backup
http://www.worldbackupday.com/fr/

El autor

Lionel Bolnet es un ingeniero informático y escritor francés nacido el 14 de julio de 1984.

También es el autor de:

- Entender Sybase ASE 15.7,
- Copia de seguridad,
- Las Maldivas.

Para obtener más información, visite:

http://www.lulu.com/spotlight/lbolnet.

www.ingramcontent.com/pod-product-compliance
Lightning Source LLC
Chambersburg PA
CBHW071113050326
40690CB00008B/1213